開放感あふれる花崗岩の白い渓

最高に気持ちのよい渓流で。

テンカラ釣りの主な舞台は、森を流れる渓流だ。
緑のトンネルをくぐり、透明な流れを歩こう。
マイナスイオンたっぷりの沢風を感じよう。
射し込む木漏れ日、くぐもる沢音。
時には木々をくぐって小さな沢へ潜り込み、
時には開放感のある河原で大きく竿を振る。
五感いっぱい、流れる季節を味わおう。

エメラルドグリーンの魅惑的な淵

朱点散る可憐なアマゴ

愛らしいイワナの顔

渓流魚と毛鉤で遊ぶ。

テンカラ釣りの相手、渓流魚はとても美しい。
イワナ、ヤマメ、アマゴ、ニジマス。
それぞれの種ごとに独特の姿や色彩があり、
それはまた、沢ごとによってもさまざまだ。

テンカラ毛鉤は、彼らが食べる虫を模している。
カゲロウ、トビケラ、アリ、カメムシ……。
彼らが食べる虫は季節や時間帯によりさまざまで、
それに似ている毛鉤を食べることもあれば、
全く似ていない毛鉤を食べることもある。
してやったり！も、なんで??もある。
その気まぐれもまた、面白い。

バーマークの美しいヤマメ

シンプルだからこそ奥深い。

テンカラ釣りは、とても手軽でシンプルな釣りだ。
竿と糸と一個の毛鉤。必要なのは、たったそれだけ
投げるのも簡単。釣るのも簡単。
テンカラ釣りは、誰にでもすぐに始められる。
そして始めれば、誰もがすぐに気づくはず。
この釣りの楽しさと、もっと楽しむために、
少しずつ覚えていけたらいいことを。
テンカラ釣りは、シンプルだからこそ奥深い。

どこまでもシンプルに、一本の竿で釣り歩く

渓流魚の色彩は、その川の自然環境を表す

至福のひととき

目次

渓流魚を相手に、自然と遊ぶ悦びを。
さあ、テンカラ釣りを始めよう!

第1章
テンカラ釣りを楽しめる
釣り場と渓流魚

まず手始めに、テンカラ釣りを楽しめるのはどのような場所なのか、また、テンカラ釣りの対象魚となる渓流魚とはどのような魚なのかを紹介していこう。

渓流こそが、テンカラ釣りの舞台

渓流ならどこでも楽しめる！
全国津々浦々、いわゆる「渓流」と呼ばれる川の上流部なら、どこでも楽しめる。「緑のトンネル」とも言える美しい渓相の中で、マイナスイオンをたっぷり浴びながら竿を振る楽しさは、格別なものだ

里川
田園風景を緩やかに流れる里川は、安全にのんびりと楽しむことができる

小さな沢
川幅2〜3mほどの小さく薄い流れの沢も、テンカラ釣りが得意とするところ

緑の木々に包まれた美しい渓流で楽しめる釣りだ

テンカラ釣りとは、日本で生まれた毛鉤（けばり）釣りである。発祥は定かではないが、すでに明治時代には一本の延べ竿にひとつの毛鉤という、その極めてシンプルな原型が形作られていたという。そしてこの釣りは、日本列島各地の渓流で、川漁師がイワナやヤマメなどの渓流魚を釣る技として、脈々と引き継がれてきた。

そして今、テンカラ釣りは、趣味として、釣り人に親しまれている。やはり中心となる舞台は渓流だ。

竿一本で軽い毛鉤を振るテンカラ釣りは、狙える範囲が非常に限られている。いわば狙う魚との距離を詰める接近戦だ。同じく竿一本のエサ釣りが、仕掛けにオモリを付けることで深い淵の底まで狙うこともできるのに対し、テンカラ釣りで毛鉤を流すのは主に水

山道も楽々
時に長時間の登山をともなう山釣りは、できるだけ装備を軽くしたい

両手がしっかり空けられる
滝の脇を登って遡行する「高巻き」や「大きな淵の脇の岩壁をたどる「へつり」をする際に両手を空けられる

山釣りにも最適！
大岩がゴロゴロ転がり、時に淵や滝を巻いて遡行するような山釣り（山岳渓流の釣り）にも最適だ。最大の長所は移動時に、バックパック等にコンパクト収納できるシンプルで軽い道具立て

吉田の教え

初心者は道沿いの渓流を選ぼう

人里離れた自然で楽しむ渓流釣りにはケガや遭難のリスクもある。慣れないうちは、電波の通じる道沿いの渓流を選ぶと良い。多くの場合、渓流に入るには、沿道から少し斜面を下っていくことになる。はじめての釣り場では、川の横を流れる道沿いを進み、先に渓流から抜け出す「退渓点」を見極めてから入渓するのが鉄則だ。いざという時のためにホイッスルも常備。また、慣れるまでは、できるだけ二人以上の釣行がおすすめ。安全に楽しみたければ、渓流タイプの管理釣り場もある。

道沿いの渓流なら迷うことはない。ケガをして動けなくなっても助けてもらいやすい。まずは安全な場所から始めよう

面近くの表層だから、おのずと狙う水深は浅くなる。

いかに魚に気づかれずに釣ることができるかを考えると、川幅が狭く、身を隠せる木々や岩の多い渓流は、理にかなっている。実に身軽な装備で美しき渓相を進みながら、複雑な流れにある無数のポイントに次々と手早く毛鉤を撃ち込んでいく魅力は、テンカラ釣りならではのものだ。

渓流の中でも、「山釣り」と呼ばれて楽しまれている山岳渓流の釣りにも、テンカラは相性がいい。前述した理由に加え、山道を歩いたり、滝を巻いたりする際に、軽くコンパクトに収納できる道具がとても便利だ。

ほかにもテンカラ釣りは、小さな沢や、田園風景を流れる里川、渓流タイプの管理釣り場でも楽しめる。テンカラ釣りは、自然に囲まれた清らかな流れの中で、美しい渓流魚と気持ちよく遊べる釣りなのだ。

美しき渓流魚が相手

体側に多数の点が散る（エゾイワナは白、ニッコウイワナは薄黄色から橙、ヤマトイワナは赤。またゴギは頭頂部にも多くの点があるとされているが、厳密にはそれぞれの中間色がいくつも存在して不明瞭）
小さなアブラビレを持つ
体はヤマメに比べてずんぐりと丸い
ヒレの縁が白い
うっすらとパーマークが現われることもある

イワナ
北海道、本州の冷水域に自然分布。四国や九州には元々いなかったとも言われているが、現在は放流などにより一部棲息している。体側の点の色合いなど、見た目と分布域によりエゾイワナ（北海道・東北など）、ニッコウイワナ（東北・関東など）、ヤマトイワナ（中部・紀伊半島など）、ゴギ（山陰など）の4亜種に分けられているが（写真はニッコウイワナ）、同じ水系で沢ごとにガラリと色が変わることもしばしば。北海道には、ほかに別種のオショロコマもいるが、これも広義のイワナに含まれることが多い

ヤマメ
北海道、本州、九州の冷水域に自然分布する代表的な渓流魚。海やダム湖などに降ると60cmほどにまで大型化してサクラマスとなる。北海道ではヤマベ、中部の木曽ではタナビラ、九州ではエノハなど、地域固有の呼び名も多い

「渓流の宝石」と呼ばれるイワナやヤマメと遊ぶ

テンカラ釣りで釣るのは渓流魚。透明な流れの中を泳ぐ彼らは「宝石」とも称される実に美しき存在だ。ここではテンカラ釣りで狙える主な渓流魚を紹介しよう。

まずは比較的標高の高い急斜面の渓流に棲むイワナ。「岩魚」の名の通り、岩の下や隙間などに隠れていては、エサが流れてくると飛び出してきて捕食する。体に散った細かい斑点が特徴で、この斑点の色合いと棲んでいる場所でエゾイワナ、ニッコウイワナ、ヤマトイワナ、ゴギなどと呼び分けられているが、種としては皆、同じ魚だ。

イワナと一部混棲しながら、より下流の開けた流れに棲んでいるのがヤマメとアマゴ。「渓流の女王」とも称される彼ら（彼女ら？）はとても可憐で、「パーマーク」と呼ばれる、体に並んだ

小判状の斑紋が特徴。アマゴはそこに小さな赤い斑点が散っていて、ヤマメと見分けられるが、種としては同じだ。イワナに比べて薄く幅広い体は、流れの早い瀬で泳ぐことに長けていて、流下する虫を盛んに捕食する。

イワナ、ヤマメ、アマゴいずれも一尺（約30cm）が大物の目安とされていて、「尺イワナ」や「尺ヤマメ」と呼ばれ憧れの対象となっている。

このほか主に管理釣り場などでは北アメリカ原産のニジマスもテンカラ釣りの好敵手。簡単に釣れる身近な魚でありながら、時に50cmを超えるような大型が釣り人を慌てさせることも。

渓流魚はいずれも冷たい水を好む冷水性の魚。だからこそ冷たい水の渓流に棲んでいる。釣った後に元の川に戻す「キャッチアンドリリース」をするならば、魚に触れる前に、十分に川の水に手を浸して冷たくしてから触るように心がけたい。

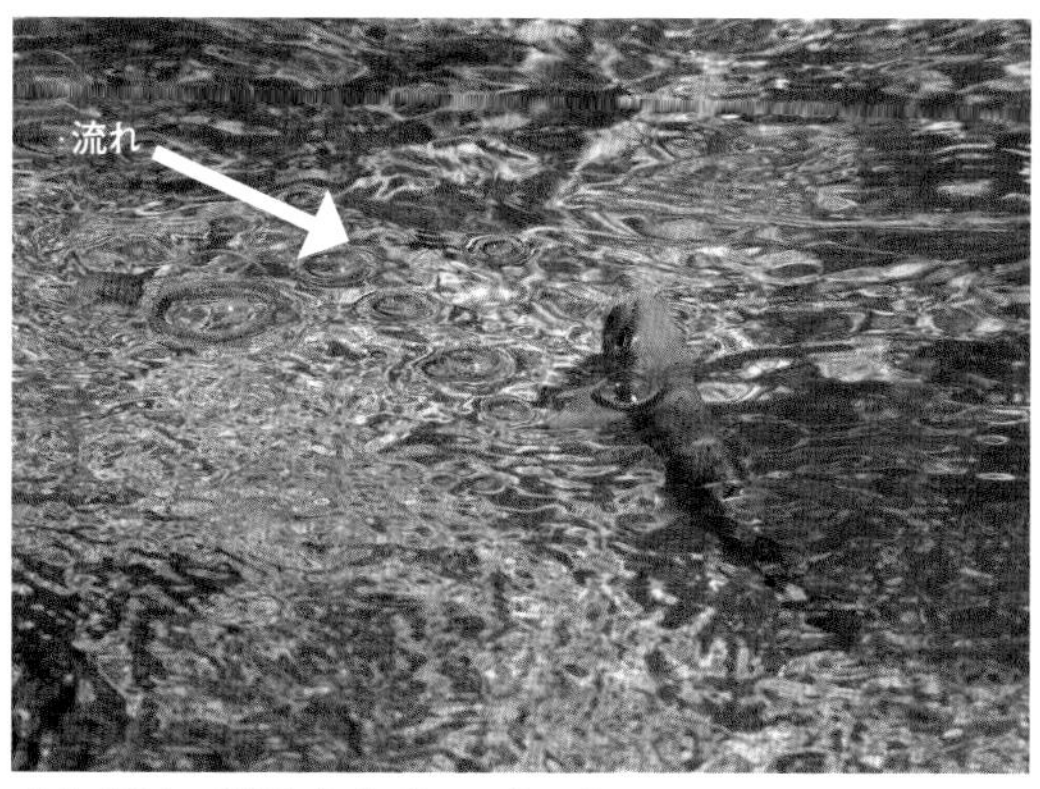

主に流れてくる虫を食べている

渓流魚の食べ物は、主に水生昆虫と陸生昆虫。流れの中に定位して、上流側から流れてくる虫を待ち構えて食べることが多い。だからこそ流れてくるテンカラ釣りの毛鉤にも食いつくというわけだ

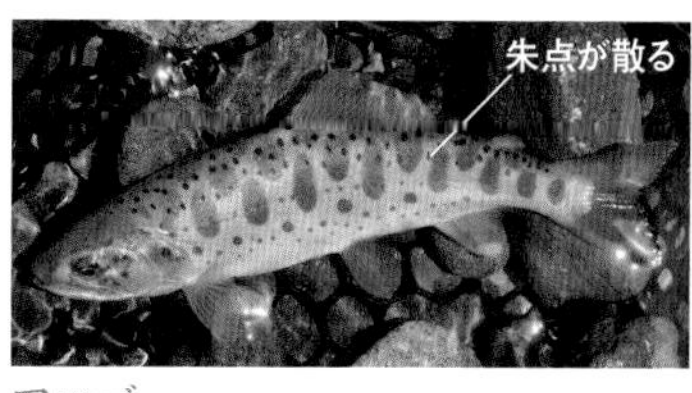

アマゴ

神奈川県酒匂川あたりから西の太平洋側と四国、九州の一部で、ヤマメに囲まれるように分布する、日本固有の魚。鮮やかな朱点によりヤマメと区別できる。海やダム湖などに降ると大型化してサツキマスとなる

ヤマトイワナ

鮮やかな朱点を持つヤマトイワナ。右ページのニッコウイワナと見比べてほしい。紀伊半島に棲む世界最南端のイワナである「キリクチ」もヤマトイワナの一つ

小さな黒点が多く散る
赤い帯状の模様が出る個体もある

ニジマス

北米原産。別名レインボートラウト。全国の管理釣り場や渓流・湖などに放流されている。大型は50cmをゆうに超える

吉田の教え

天然魚には価値がある

元々、その川にいた天然魚は、人が暮らし始めるよりもはるかに前の太古より命を繋いできた大切な存在。その川の環境に合わせて進化を遂げてきた末裔であり、色合いや性質は、それぞれが唯一無二のものだ。多くの川では釣りのために産地を問わずに渓流魚が放流されており、元々の天然魚は最上流域などに、ほんのわずかに残っているにすぎない。そのことを知って、獲りすぎることのないように注意したい。

渓流釣りのルールとマナー

ルール　渓流でのテンカラ釣りに関係するルールは、その川を管轄する漁協が公示している。漁協のホームページで確認したり、わからなければ釣り券を買う際に大まかなルールを確認しておこう。

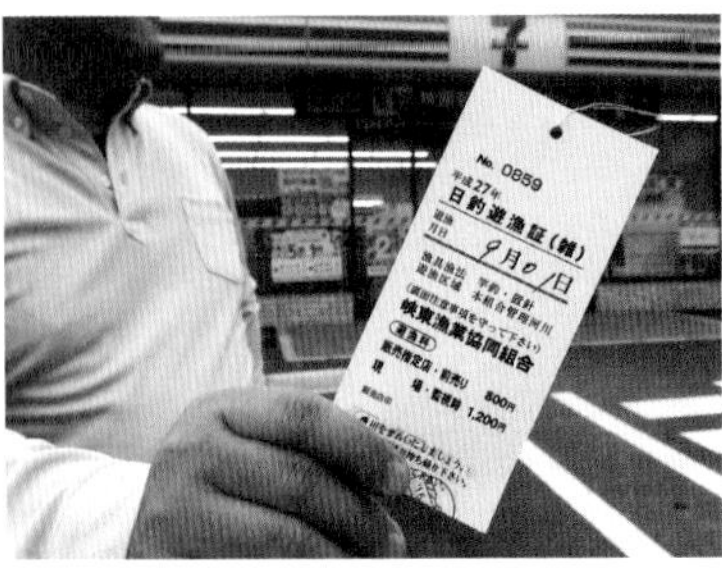

釣り券を買う
渓流で釣りをするには釣り券（遊漁券・日釣り券とも言う）を買わなければならない。漁協や地元のコンビニのほか、近年はネット販売している漁協も多い。釣りの前に購入しよう

禁漁期がある
北海道を除けば、全国的に渓流魚の産卵期である10〜2月を禁漁期としている川が多いが、地域や川によってズレがある。釣りに行く前にしっかりと確認しておきたい

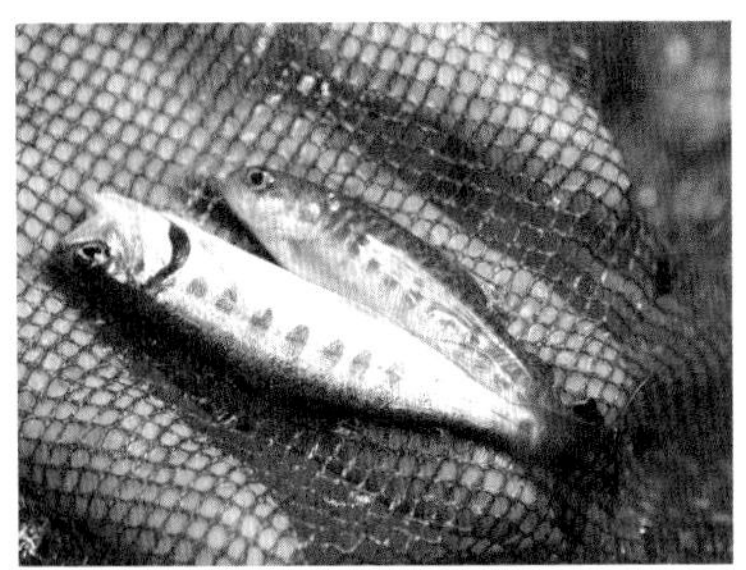

尾数・体長制限がある
渓流魚が減りすぎるのを防ぐために、各河川ごとに、1日に持ち帰ってよい尾数制限や、持ち帰ってよい体長制限が定められている。15cm未満の小型魚は持ち帰れない川が多い

細かい区間分けがある川も
川によっては、禁漁区や専用区など、細かく区分けされていることもある。専用区は「キャッチ&リリース区間」や「ルアー・毛鉤専用区間」など、釣り方で分けられていることが多い

末長くテンカラ釣りを楽しむために

まず、初めに覚えておきたいのは、テンカラ釣りを楽しむことのできるほとんどの渓流は、漁業協同組合（以下、漁協）が実質上、管理しているということだ。北海道や本州の一部にも漁協の存在しない川はあるが、本州以南では、ほぼすべての川に漁協があると考えて良いだろう。

それぞれの川で釣りをする際には、漁協が定めた「遊漁料」を「釣り券」を購入する形で収めなければならない。そのほか、禁漁期や禁漁区、体長制限、漁法（釣り方）なども細かく決められていて、釣り人はそのルールに従わなければならないのだ。

こう書くと、わずらわしさを感じるかもしれないが、遊漁料やその他のルールは、その川でいつまでも釣りを楽しむための大切な仕組みだ。漁協は釣

マナー

ルールとは異なり、厳密に線引きされていないのがマナー。だからこそ、気持ちよく釣りをするために意識して心がけたい。

駐車場所は十分に配慮する

近くに駐車場があれば問題ないが、渓流釣りの場合、川沿いの道の脇にある駐車スペースを利用することも多い。私有地ではないか、通行のじゃまになっていないかなど、十分に配慮を

渓流は基本的に釣り上がり

渓流では移動しながら釣るのが基本だが、その際に広く共有されているのは「釣り上がり」。前を釣る人との間は十分に取って、追い越さないようにするのが基本だ

ここからスタート
すみません
数km（先行者が釣りをしないと思う距離）空ける
ここから釣りはじめていると予想する

頭ハネはしない

先を行く釣り人の姿が見えたら、追い越さないように釣る。追い越す際は、相手に一声かけて許可を得るのがマナー。また、車があれば、そこから人が入って釣りをしていると予測する。その上流を釣る場合、（釣り場によって基準は異なるが）先行者が釣りをすると考えられる、最低でも数kmほどは間を空けるべき

り人から集めた遊漁料を用いて渓流魚を放流したり、密漁の取り締まりなどをして、釣り場を管理している。渓流のような、広さの限られた川で多くの釣り人が無秩序に釣りをしてしまうと、魚はすぐにいなくなってしまうだろう。そうならないためにも、管理する仕組みが必要であり、今はその役割を漁協が担っているというわけだ。最近はウェブサイトでルール等を公開している漁協も多いので釣行前に確認を。

一方、マナーは、義務であるルールとは違い、その線引きは曖昧だ。人や地域によって異なることも多々ある。ここに挙げたのは、あくまでも釣り人がお互いに気持ちよく釣りを楽しむために広く共有されているマナーの一部だ。そして釣り人を迎え入れてくれる地元の人たちへの配慮でもある。「いつまでもテンカラ釣りを楽しみたい」と願う釣り人ならば、誰しもが知っておきたいことだと言えるだろう。

山釣りとの相性と備え

装備の少ないテンカラ釣りは、このような険しい源頭部との相性もいい

テンカラ釣りを行える場所は本流から源流域、源頭に近い場所までである。その中でも、登山道を利用して入渓するような、いわゆる『山釣り』と呼ばれるような場所との相性はとてもよいと思う。ほかの釣りに比べ、釣りの装備が圧倒的に少なくて済むためだ。

ただし、山釣りの場合、ひとつ問題がある。それは足回りのこと。パンツは速乾性のものを着用していれば問題ないが、水に絡んだ場所を歩くため、通常の登山靴では立ち行かなくなる。そのため、専用の靴を用意しなければならない。ザックにくくりつけて持っていき、現地で履き替えるなら、その重量が問題になる。軽量な沢タビからごついウエーディングシューズまで、重さと担げる自分自身の体力と相談して決めることになる。

ほかにも地図やGPS、行動食や予備食、水、常備薬やエマージェンシーキット（P.46参照）など「釣り」と直接関係のない部分で用意すべきものは多い。沢で一泊と考えるならば、テントやタープ、シュラフなども状況に応じて用意する必要があるだろう。荷物は多い。だからこそ釣具の少ないテンカラが向いているのだ。

余談になるが、私の場合、山岳渓流でテンカラ楽しむための体力を維持するため、日常生活にランニングと筋トレを取り入れ、欠かさないようにしている。

（吉田 孝）

第2章

テンカラ釣りの毛鉤を知る

テンカラ釣りで使う毛鉤(けばり)は大きく分けて3タイプ。
主に表層を流して用いる普通毛鉤と、
沈みやすいようにオモリを付けたもの、
そして竿を動かして誘いをかけやすい逆さ毛鉤となる。
それぞれの特徴を紹介しよう。

毛鉤とは?

毛鉤の各部名称

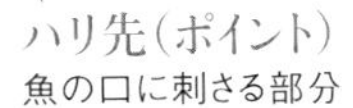

魚の口に刺さる部分

普通毛鉤

テンカラ釣りで用いる最も一般的な毛鉤。蓑毛がふわふわ動きながら水中を漂う。基本的には、水面から水面下30cmぐらいまでの表層を流れる。浮力は巻きつける蓑毛の量や材質などで変わってくる。大きさは釣りバリのサイズで決まってくるが、大まかには全長15mm前後が一般的

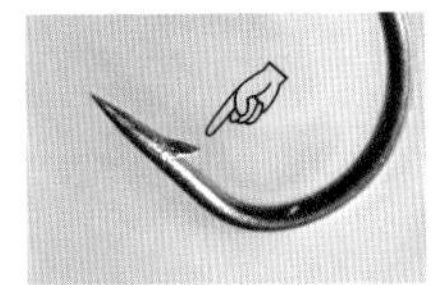

カエシ(バーブ)
かかった魚が外れないようにするための棘。これがないハリをバーブレスフックと呼ぶ

毛鉤の素材

伝統的なテンカラ毛鉤は、蓑毛にキジやヤマドリの胴体や翼の羽根、胴にゼンマイの繊維を用いるが、一般的にはフライ専門店などで手に入れやすいニワトリの羽根(ハックル)と化学繊維のボディ材がおすすめ。これらの素材を使って自分で毛鉤を巻くこともテンカラ釣りの楽しみだが、釣具店で出来上がったものを買うこともできる

流れる虫に似せているが、そっくりがいいわけでもない

毛鉤とは、釣りバリに鳥の羽根などを巻いて虫のように見立て、エサの代わりにイワナやヤマメを誘う擬似餌のこと。代表的な毛鉤である普通毛鉤は、ハリの軸に化学繊維や毛糸などを巻きつけて作られた虫の胴体にあたる胴(ボディ)と、キジやニワトリなどの羽根を傘状に巻きつけて虫の羽や足を模したような蓑毛(ハックル)で構成されている。これを川で流すと、水面から30cmぐらいまでの表層をふわふわと漂いながら流れ下る。虫のように見えなくもないが、どこまでもリアルというわけでもない。それでも魚は疑いもなく(時に疑わしくも感じながら)、毛鉤をくわえる。エサの「ニセモノ」で釣るスリリングさも、テンカラ釣りの大きな魅力だと言えるだろう。

渓流魚が主食としている「虫」を、

春先のヤマメ・アマゴ用毛鉤

夏のイワナ用毛鉤

魚種によって使う毛鉤はこれぐらい違う
上は春先に渓流や里川でヤマメを釣る時の毛鉤ケース、下は夏に山岳渓流でイワナを釣る時の毛鉤ケース。小さくて白いコカゲロウがたくさん羽化する春先は、毛鉤も小さめ(フックサイズ#16～18)で白っぽいものがよく釣れる。夏になり、より標高の高い山岳渓流でイワナを釣る場合は、活性が高く目立つ毛鉤に反応が良いため、大きめ(フックサイズ#12～14)で黒っぽい毛鉤がメインになってくる

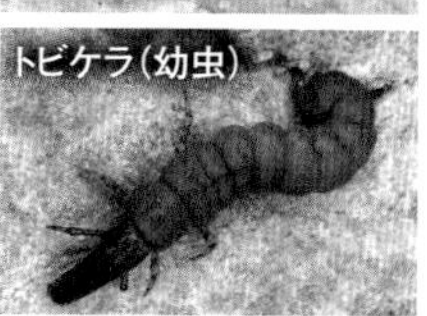

渓流魚の主食をイミテート
イワナやアマゴ、ヤマメといった渓流魚の主食は昆虫類だ。テンカラの毛鉤もこれら昆虫類に存在感を似せて作られているが、決してそっくりというわけでもない。毛鉤はエサではなく、どこまで行っても毛鉤は毛鉤なのだ。だが、姿形の雰囲気に加え、流されてくる様子を虫に似せることで、効率よく騙すことができるのも確か。渓流魚の主食が昆虫であり、毛鉤はそれをイミテートしたものであることは知っておこう

吉田の教え

フライ用の毛鉤も臆せずに使うべし!

釣りをしていて表層でライズ(魚が水面でエサを捕食すること)が始まったら、私の場合はフライフィッシングで使うドライ系の毛鉤に結び変えて使うことがよくある。魚の捕食のレンジ(水深)に合わせた毛鉤を使うことに、ためらいは不要だ。

もう少し詳しく分けると、カゲロウやカワゲラ、トビケラなどの水生昆虫と、アリやカメムシ、甲虫や毛虫などの陸生昆虫となる。水生昆虫の幼虫は水中を流れていたり、川底を這っているところを食べられるが、水生昆虫の成虫や陸生昆虫は、水面に落ちて流されているところを食べられる。

テンカラ釣りの毛鉤は擬似餌ではあるが、虫そっくりに似せているわけではない。なんとなく存在感を虫に似せて、魚に「美味しそうなもの」と思わせている。もしかすると、虫とも思っていないのかもしれない。

また、魚を騙せるかどうかは、毛鉤の姿形だけではない。今、魚が食べているエサが流れているのは水面なのか、川底なのか、または木の下で落ちてくるのを待ち構えているのかなど、周囲の虫を観察してわかることもまた、毛鉤を魚に食べさせるための大きなヒントになってくることを覚えておこう。

沈む毛鉤の重要性

沈む毛鉤で釣りの幅がグンと広がる
沈む毛鉤には、胴に針金のようなウエイトが巻かれたものや、カンのすぐ下に金属ビーズが付けられたものがある。この毛鉤があるだけで釣れる魚が倍になると言っても過言ではない

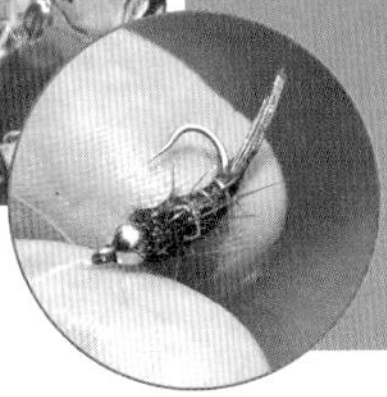

四種の毛鉤
毛鉤のタイプを大きく4つに分けてみる。上(水面～表層を流せるもの)と下(中層～底を流せるもの)。そしてそれぞれに明色と暗色だ。この4タイプをバランスよく持っておくことで、初心者でも幅広い状況に対応することができるのだ

毛鉤の性質が技術を補ってくれる

そもそもテンカラ釣りは、複雑な流れの中にある無数のポイントをできるだけテンポよく釣るために進化した釣りだ。エサを付け替える手間すらも省いた釣りだから、状況に応じて毛鉤をそのつど交換するようなこともせず、代わりに1本の毛鉤で釣れる魚だけを相手にしながら、どんどん川を上っていくスタイルが形作られてきた。今でもひとつの毛鉤で釣り続けるのが、テンカラ釣りの王道だと思っている人も多いだろう。

昔のテンカラ釣りの本にはよく「フジの開花がシーズンインの合図」と書かれていた。関東ならば4月下旬頃だろうか。表層を流す普通毛鉤ひとつだけで釣るならば、そうなるのだろう。テンカラ釣りは主に夏の釣りだった。

だが、実際のところ、毛鉤を沈ませ

「釣るため」のテンカラ釣りには沈む毛鉤が必要不可欠

たった1種類の毛鉤で釣り続ける。これもひとつのスタイルだ。たとえば水面を流れるドライフライだけで楽しむスタイルも人気がある。ただ「釣るため」のテンカラ釣りを覚えていこうとするならば、沈む毛鉤は必須となる。水中に引き込む「食い波」を理解できるようなベテランならば、普通毛鉤を沈ませて中層から底を釣ることもできるが、その技術を持たない初心者は沈む毛鉤の力に頼るのが最善手なのだ

完全に浮くドライフライも

フライフィッシングで使うドライフライは、完全に水面に浮かせて使う毛鉤だ。魚が水面に飛び出して食べにくる興奮を味わうことができる。「上」を狙う毛鉤のひとつに持っておくのもよいだろう

吉田の教え

沈む毛鉤は沈ませるだけが目的ではない

ビーズヘッドに代表される、ウエイトの付いた毛鉤。底近くを流す、水深のある場所を狙う、というのが当初の目的ではあるが、一般的な毛鉤では流速がありすぎて、魚が毛鉤をくわえきれない場所で使うと効果がある。流れが速いので、毛鉤は底近くを流れるというより中層から表層を流れてしまうが、一般的な毛鉤より、ウエイトがある分少しだけゆっくり流れるようで、魚に毛鉤をくわえさせる「間」ができるように思う。特に濁りの入った増水時などには、ビーズのきらめき効果と相まって、釣果が期待できる毛鉤となる。

れば、解禁当初の3月初旬でもテンカラ釣りは普通に楽しめる。毛鉤のタイプをひとつ増やすだけで、釣りの期間がぐんと広がるのだ。

もっとも、技術が上がれば、ひとつの毛鉤で表層を流したり、底近くまで沈ませたり、生きた虫のように誘ったりと様々なアプローチができるようになる。だが、入門者がそれをするのはとても難しい。ならば使う毛鉤を少しだけ増やし、各々の毛鉤の性質に頼った釣りをしてみようというのが本書の考え。具体的にいえば、表層を流せる普通毛鉤に加え、中層から底を流せる沈む毛鉤も使うことにある。

その上で、表層を流せる普通毛鉤と、沈ませて使えるウエイト付きの毛鉤、それぞれの明色と暗色を揃える。この四種の毛鉤があれば、狙える状況の幅はグンと広がる。あらゆるシチュエーションで、幅広く魚を誘うことができるはずだ。

誘いの逆さ毛鉤

逆さ毛鉤
蓑毛が逆さを向いていることから名付けられた伝統的な毛鉤のひとつ。人が多く魚がスレている釣り場では、特に持っておきたいとっておきの切り札的存在に

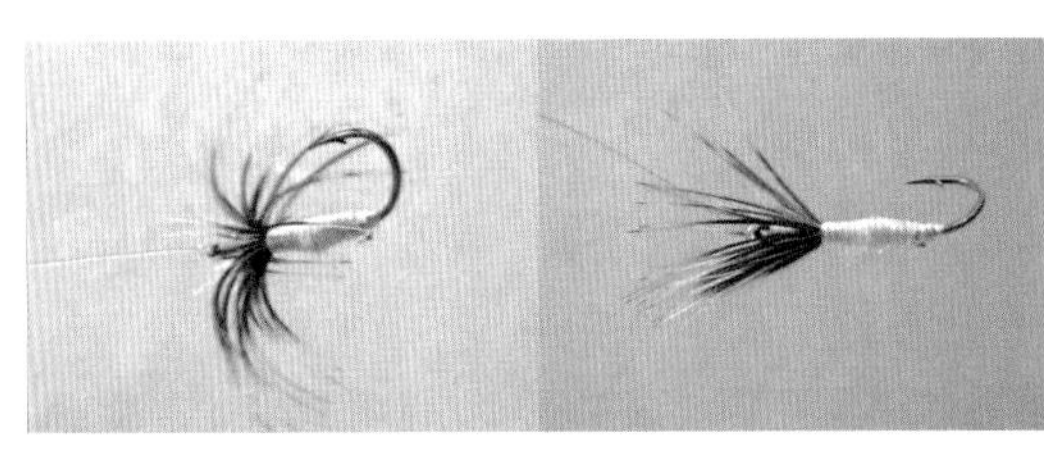

蓑毛の開閉で魚を誘う
竿先でちょんちょんと細かくアクションを加えると、水中で逆さを向いた蓑毛がパッパッと開閉する。この動きにたまらず食いついてしまう魚も多い

流して食わない時の最後の切り札として

普通毛鉤と沈む毛鉤に加え、もうひとつ、いざという時のために持っておきたいのが、誘って使う逆さ毛鉤だ。普通毛鉤との違いは蓑毛の向き。ちょうど強風で傘がひっくり返ったように蓑毛が逆さ向きになっている。古くからある伝統毛鉤のひとつであり、見た目もとても美しいが、それだけでなく、魚を釣るためにも確固たる理論が込められている。

逆さに向いた蓑毛は水面や水中でアンカーの役目を果たし、しっかりと流れをつかんでくれるのがまずひとつ。さらに竿先でちょんちょんと動きを加えることで、蓑毛が水の抵抗を受けて閉じたり開いたりする。まるで水中でもがく虫のような演出を加えることができるのだ。

誘い方は後述するが（P.62〜）、下

スレた魚に効果あり!

たとえば管理釣り場など、毛鉤に近づいてくるけど口を使わないような魚が多い時、魚の反応を見ながら動きで誘える逆さ毛鉤が重宝する。少し動かすだけで、思いのほか簡単に食ってくるケースも多いのだ

普通毛鉤に比べて大きく見える

ハリの大きさが同じでも蓑毛の向きが変わるだけで全体のボリューム感は変わってくる。普通毛鉤に比べて逆さ毛鉤はシルエットが大きく見えることを覚えておこう

吉田の教え

関西で逆さ毛鉤が人気のある理由

信州など山岳地帯の多い地域では急勾配の渓流が多く、逆さ毛鉤で誘うスペースが足りないことが多い。次々とピンスポットに撃ち込んで少し流すだけの釣りが発達したことから、主として普通毛鉤を使うようになった。一方、傾斜の緩やかな川で釣ることの多い関西では、比較的毛鉤を動かして誘うスペースが取れる場所が多い。そのため、誘いに長けた逆さ毛鉤が発展したのではないかと考えられている。

誘うスペースが必要

小渓流や、急勾配で階段状になっているような渓流では、毛鉤を誘うだけのスペースが確保できないため、逆さ毛鉤の力を十分に発揮できないことが多い。少なくてもこのぐらいの規模の渓流で誘ってこその毛鉤なのだ

流に流れていこうとする毛鉤を一点に留めながら、その場で移動させずに動かして誘うこともできる。この動きが、ただ毛鉤を流すだけでは反応しなかった魚に口を使わせる最後の手段になりうるのだ。特に先行者の後を釣っている時や、人の多い管理釣り場など、スレた魚を相手にしている時などに絶大な効果を発揮することが多い。

もちろん流しても釣れるが、流す際にも竿先でアクションを加えながら流すことで、よりこの毛鉤の持ち味を発揮することができるだろう。

本書監修者の吉田孝氏が巻く吉田毛鉤の代表的な4パターンを紹介。
いずれも実績抜群の万能的な毛鉤だ。
参考にして、自分ならではの毛鉤作りにチャレンジしてほしい。
(毛鉤タイイングの基本はP.113〜を参照)

現代版ハチガシラ(黒)

夏のイワナ狙いに抜群

ハチやアブの眼を模したアイが特徴。生命感を出し、魚の捕食ポイントとしての機能も狙っている。写真の黒一色は、イワナの万能毛鉤。ウェットフライ用の太軸フックで、適度に沈むため、ラインテンションによって水面から水面直下、さらに下の層までオールマイティーに探ることができる。

マテリアル(素材)
ハリ=ウェットフライ用フック#12
スレッド=黒
アイ=自作スチール製ボール(ダンベルアイでも可能)
胴=ヘアズイヤー(黒)
蓑毛=コックサドル(黒)

現代版ハチガシラ(白)

春先のヤマメ狙いに必携

#14〜16と小さめのハリで巻いた、白色系のハチガシラ。ヤマメに万能的な効果を発揮する。特に春先のヤマメは、この時期にハッチするカゲロウ類を意識するためか、小さく明るめの毛鉤を好む傾向があり、必携となっている。主に表層を流すため、ハリはドライフライ用の#14フックを使用。

マテリアル(素材)
ハリ=ドライフライ用フック#14
スレッド=黄
アイ=自作スチール製ボール(ダンベルアイでも可能)
胴=ヘアズイヤー(クリーム)
蓑毛=コックサドル(グリズリー)

吉田毛鉤 代表的な4パターン

ビーズヘッドニンフ

川虫の幼虫全般をイミテート

水生昆虫の幼虫をイメージした毛鉤。ウエイトワイヤーをボディに巻くことで、沈みやすくするとともに、リブ状にして虫の体節をイミテート。胸部はマジックテープでダビング材を掻き出し、虫のシルエットを演出。魚が沈みがちな春先や、流れが早すぎて毛鉤が暴れるポイントで活躍。

マテリアル（素材）
ハリ＝ウェットフライ用フック#14
スレッド＝茶
ヘッド＝ビーズヘッド3/32オンス（Mサイズ）
ワイヤー＝銅
テール＝フェザントテール
胴＝ヘアズイヤー（こげ茶）

キジの剣羽根

希少部位を使った伝統毛鉤

キジの剣羽根（両翼にひとつずつしかない希少な小羽根）を使用した伝統毛鉤。一本の羽根を割いて、それぞれ片側の羽弁だけを蓑毛に使用。非常に張りがあり巻きづらい反面、型崩れせず、瀬釣りなど流れの早いポイントで抜群の効果を発揮する。流れの肩に留めて釣る「止め釣り」にも有効。

マテリアル（素材）
ハリ＝ドライフライ用フック#10〜12
スレッド＝こげ茶
胴＝ゼンマイの綿毛
蓑毛＝キジの剣羽根（半分に割いて使用）

フライとテンカラの違い

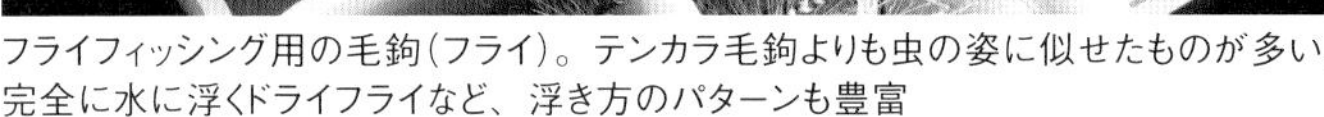

フライフィッシング用の毛鉤（フライ）。テンカラ毛鉤よりも虫の姿に似せたものが多い。完全に水に浮くドライフライなど、浮き方のパターンも豊富

遠い昔、洋の東西を問わず発生した毛鉤釣り。どちらも元々は竿（当時、竹は東洋にしか存在していなかったので、西洋では柳の類を使っていたといわれている）とライン（馬素＝馬の尻毛を撚ったもの）と毛鉤の3点で行われていたと伝えられている。

時代は現代となり、フライフィッシングではより遠くへ毛鉤を投射するためにリールが付いた。テンカラはシステム的には当時と変わりがない。それ以外の違いは毛鉤の形状にあるが、緩い流れの多い英国では、毛鉤を魚に見切られてしまうことが多かったため、流下する昆虫類に近い、よりイミテーション性の高い毛鉤が発達した。急峻で流速のある渓流の多い日本では、流れの中で魚が毛鉤を見切る前に口にくわえることも多く（くわえた後に毛鉤に違和感を得て吐き出すことがよくあるが）、イミテーション性よりも虫っぽい生命感を重視して発達したように思う（テンカラ毛鉤の基本的な形状は昔と変わらないので、あまり発達していないような気もする）。

いずれにせよ、毛鉤は毛鉤だ。状況に応じてはイミテーション性の高い毛鉤のほうがよく釣れる場合もある。使用してはいけないと決められたわけではないので、テンカラのシステムにフライフィッシングの毛鉤を結んで使うことに、まったく問題はない。

（吉田 孝）

第3章 テンカラ釣りの道具と仕掛け

竿と糸と毛鉤（けばり）があればテンカラ釣りは始められる。だが、安全に楽しくテンカラ釣りを行うためには、ふさわしい装備と便利な小道具も必要だ。道具一式と選び方、仕掛けの作り方までを紹介しよう。

第3章 テンカラ釣りの道具と仕掛け

テンカラ釣りの装備

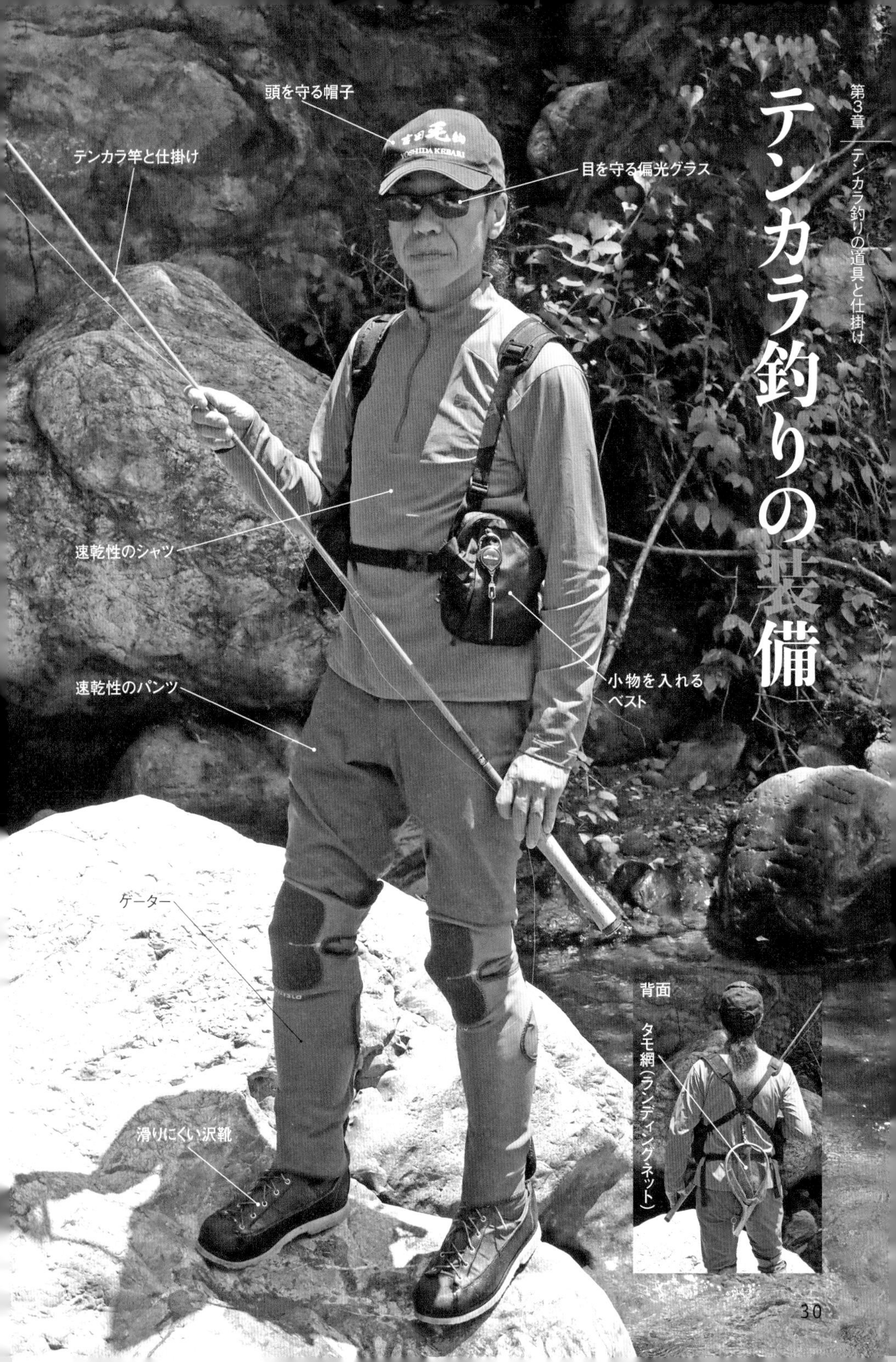
頭を守る帽子
YOSHIDA KEBARI
テンカラ竿と仕掛け
目を守る偏光グラス
速乾性のシャツ
小物を入れるベスト
速乾性のパンツ
ゲーター
滑りにくい沢靴
背面
タモ網（ランディングネット）

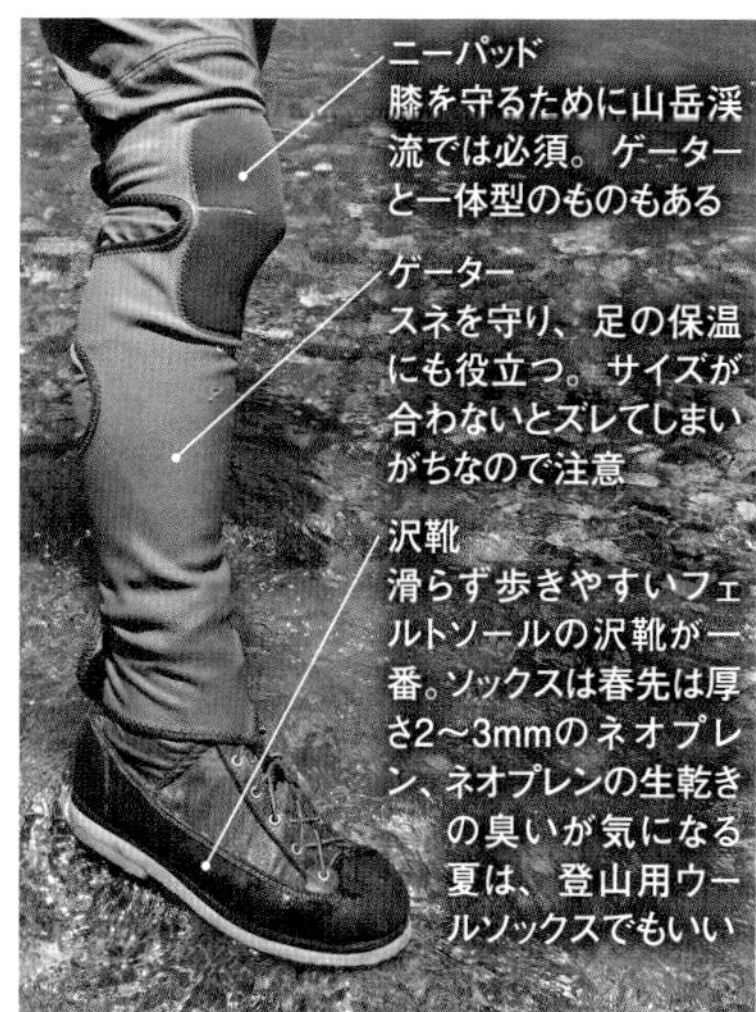

ニーパッド
膝を守るために山岳渓流では必須。ゲーターと一体型のものもある
ゲーター
スネを守り、足の保温にも役立つ。サイズが合わないとズレてしまいがちなので注意
沢靴
滑らず歩きやすいフェルトソールの沢靴が一番。ソックスは春先は厚さ2〜3mmのネオプレン、ネオプレンの生乾きの臭いが気になる夏は、登山用ウールソックスでもいい

最も安全で動きやすい
ウェットウェーディングスタイル

速乾性の高いパンツの上にネオプレン素材のゲーターやニーパッドを装着して、沢靴を履くスタイル。「ウェット」の名の通り、足回りは常に濡れた状態となるが、体温が浸透した水を温めるため、さほど冷たくは感じない。特に夏場は熱のこもるウェーダーよりも断然快適に釣りができる。また、川で転んで転覆した際のリスクもウェーダーに比べて低い

状況に応じてウェーダーやヒップブーツもあり

肌寒い季節は体が濡れるのを防ぐウェーダースタイルがおすすめ。たくさん歩く釣りならば、ゴアテックスなど透湿性のある素材で、胸まであるチェストハイ、足首の自由が効くシューズ別体タイプのウェーダーがおすすめ。管理釣り場など歩かない釣り場ならば、シューズ一体型のウェーダーやヒップブーツでもいい。ヒップブーツは自立式のものが着脱しやすく使いやすい

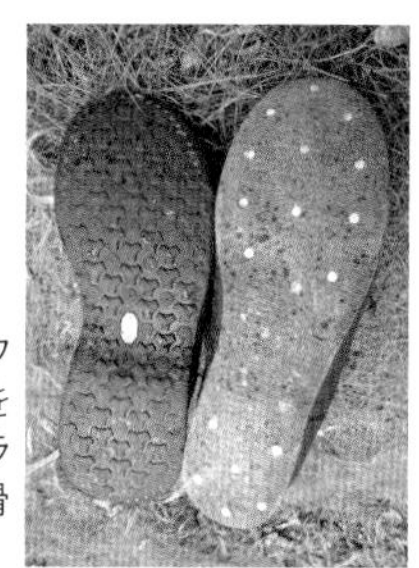

フェルト素材が滑らない

ソールは苔の生えた石でも滑りづらいフェルト素材(右)がいい。長距離の山道を行き来して履き替えなしで釣る場合はラバーソール(左)にも分はあるが、苔で滑りやすいので入門者にはすすめられない

テンカラ釣りの道具

装備	釣り道具
□速乾性シャツ	□テンカラ竿
□速乾性パンツ	□毛鉤
□ベスト	□メインライン
□帽子	□ハリス
□偏光グラス	□仕掛け巻き
□ゲーター（ニーパッド）	□タモ網
□沢靴	□ハサミ
□ネオプレンソックス	□フォーセップ

シンプルな中にも安全と快適を求めたい

竿と糸と毛鉤があれば、テンカラ釣りはできる。あらゆる釣りの中で、これほどシンプルな釣りは少ない。その利点を存分に生かしつつ、軽装の中に必要に応じた装備を加えていくことで、安全と快適を得ることができる。

管理釣り場や集落を流れる小さな里川など、足場の良い釣り場でほとんど歩かずに釣るならば、それこそニーブーツを履くだけでもいいかもしれない。だが、テンカラ釣りの主戦場とも言える渓流は、脅すわけではないが決して安全とは言い切れない。流れに足をさらわれることもあれば、浮き石にぐらついたり苔むした岩で滑ったりもする。山岳渓流になればなおさらだ。

ここで紹介するのは基本中の基本。これをベースに、釣り場やスタイルに応じて備えてほしい。

テンカラ釣りの仕掛け

竿(2.7～3.9m)

メインライン
(テーパーラインまたは
フロロカーボンライン3～4号)
竿と同じ長さが使いやすい

ハリス(ナイロン0.8～1.2号、
フロロカーボン0.6～1.0号)
長さは1.2～1.5m

毛鉤

テンカラ釣りの仕掛け図
テンカラ釣りの仕掛けは、ご覧の通り、至ってシンプル。竿と糸と毛鉤という最小限の道具を介してダイレクトに渓流魚とやり取りできるのが最大の魅力だ

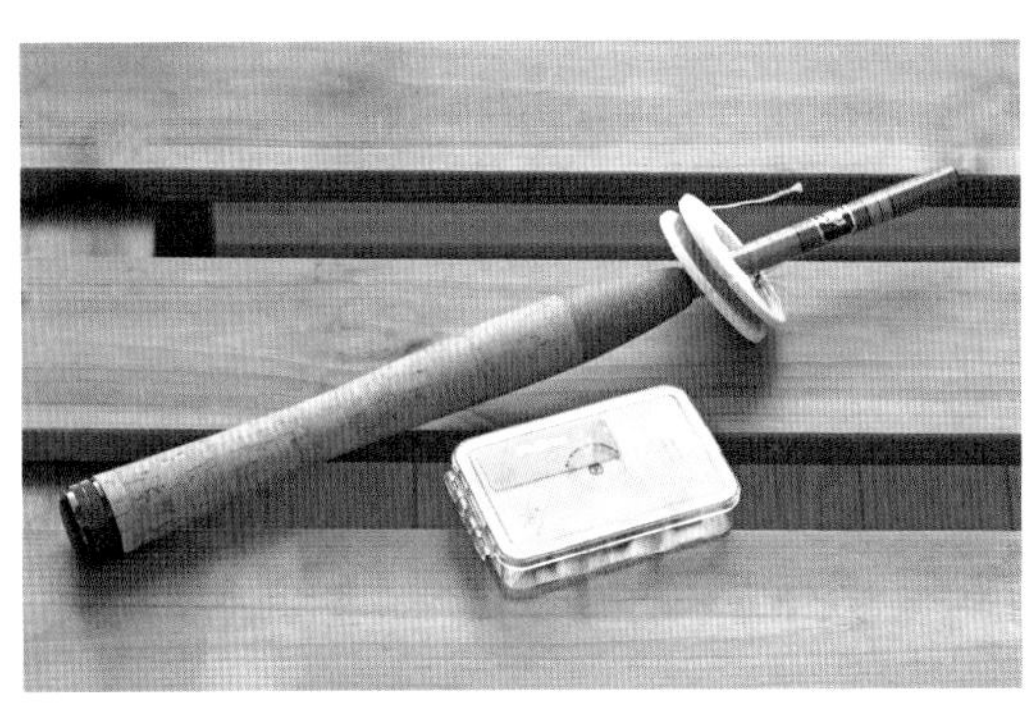

折り畳めばこのサイズに
竿と糸と、小さなケースに毛鉤を数個。テンカラ釣りの道具立ては、極めてシンプル

テンカラ釣りはどこまでもシンプル

テンカラ釣りは、最もシンプルな道具で楽しむことのできる釣りのひとつだ。同じく毛鉤を使うフライフィッシングには、ラインを巻き取るためのリールが必要だが、テンカラ釣りの場合はそれもない。同じく一本の竿で行うエサ釣りではオモリや目印などを用いて仕掛けを作る必要があるが、テンカラ釣りにはそれも不要だ。頻繁にエサを付け替える必要もなく、竿の先にメインラインとハリスを繋ぎ、その先に毛鉤を付ければ準備完了という極めて簡素な道具で楽しむことができる。その極めてミニマルなスタイルが注目を集め、日本はもちろん、近年では「Tenkara」「Simple Fly」とも呼ばれ、海外のファンも増えている。

道具選びのコツについては、後のページで詳しく解説するが、ここではま

そのほかの渓流釣り道具

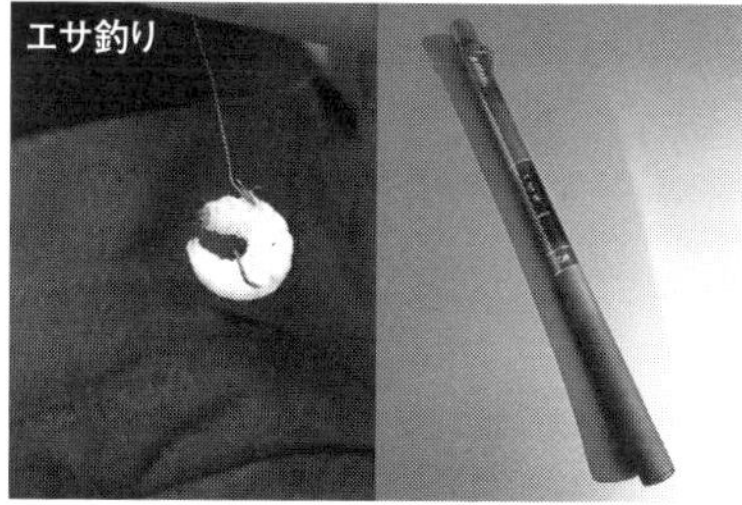

最もテンカラ釣りに近いのは毛鉤を用いるフライフィッシング。一本竿という点ではエサ釣りも近い。日本の渓流で生まれ、職漁師にも使われていたテンカラ釣りは、シンプルで釣りやすい上、日本の渓流にマッチしている

ほかの渓流釣りとの道具の違いは?

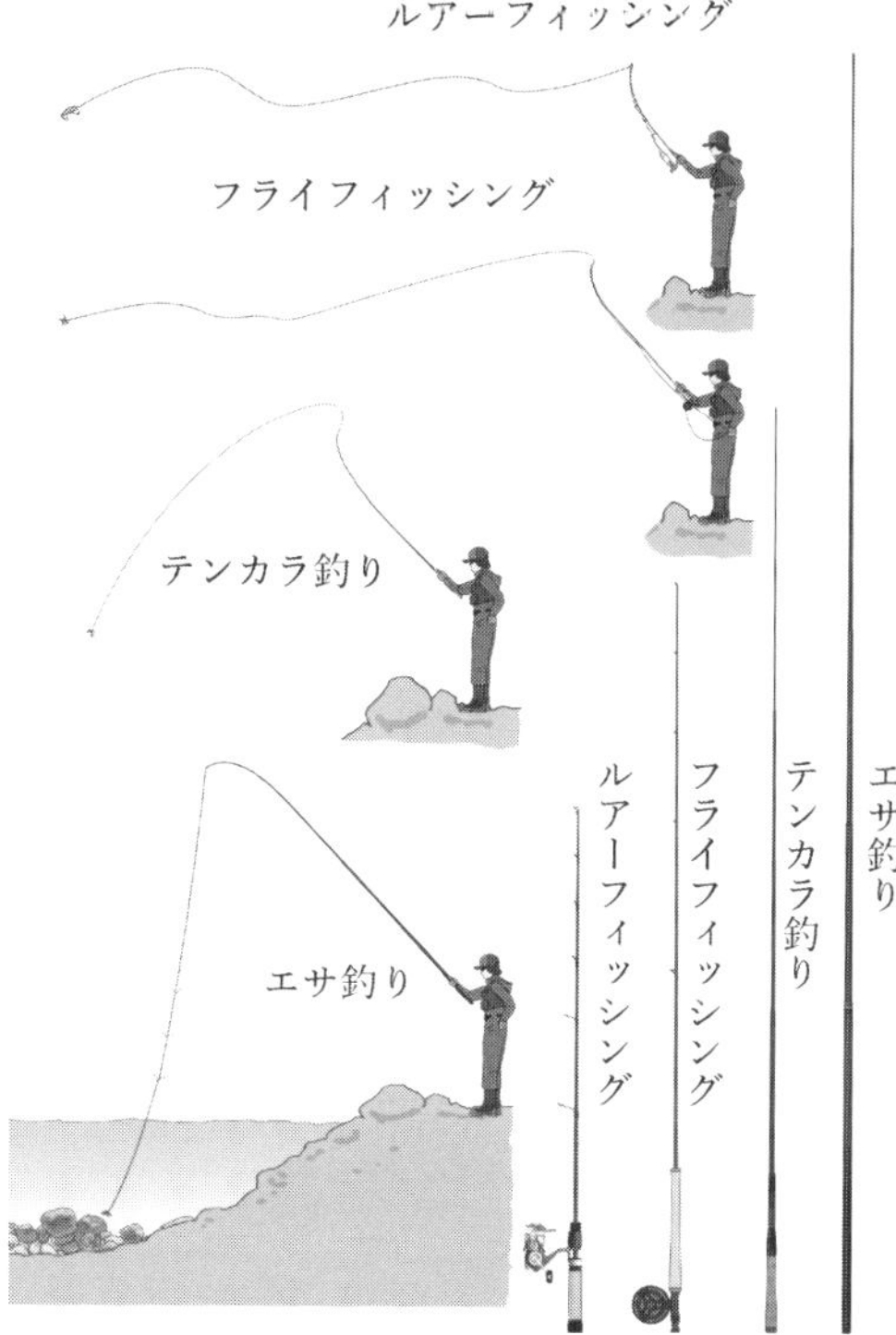

一般的に、テンカラ釣りの竿は、フライフィッシング、ルアーフィッシングに比べて長く、エサ釣りに比べて短い。ルアーやフライは遠くに飛ばすことができ、エサ釣りはより深いところを攻めることができる。テンカラ釣りは基本的に表層から中層を中心とした近距離の接近戦。ルアーとフライはリールが必要なので、仕掛けの総重量は、テンカラ釣りが圧倒的に軽い

ず、テンカラ釣りの大まかな目安となる仕掛け図に加え、渓流魚を釣るほかの釣りとの、道具の違いを紹介しよう。

まず右記したように、最もテンカラ釣りに似ている釣りはフライフィッシングだろう。リールを用いるフライフィッシングは、テンカラ釣りよりも短い竿を使いながら、遠くに毛鉤を送り込める。

遠くに「擬似餌」を送り込めるという意味では、ルアーフィッシングも同じだ。やはりリールを用い、テンカラ釣りよりも短い竿で、金属やプラスチックでできたルアーを、遠くに送り込むことができる。

エサ釣りはテンカラ釣りと同じく一本竿となるが、基本的にテンカラ釣りよりも長い竿を使って、投げるというよりも、竿の長さを利用して送り込む釣りだ。さらにオモリを用いて仕掛けを深い層にまで沈ませて、深場にいる魚を狙うことができるのも特徴だ。

テンカラ竿の選び方（長さ）

よく行く釣り場の広さを考える
まず竿を振れなければ釣りにならないので、自分がよく釣りをする（しようと思っている）川の広さを想定し、それに合った竿を選ぶことが大切。振れる範囲内で長い竿のほうが毛鉤は流しやすいが、重くもなってくる。釣具店にアドバイスを求める際も、店員と川のイメージを共有しながら相談しよう

ラインとハリスを付けて試し振り
テンカラ竿の「重さ」は自重だけでは測れない。釣具店で買う際には、実際に竿を伸ばし、ラインとハリスを付けて試し振りをさせてもらおう。バランスの良い竿は自重があっても振りやすいもの。軽量化ばかりを追求した竿は折れるリスクも増えるため、一概に初心者向きとは言いがたい

釣り場に合った長さと振ってみた時の軽やかさ

テンカラ竿は、2.7、3.0、3.3、3.6、3.9mあたりがよく使われる長さ。昔の寸法である「尺」が基準となっているため、30cm刻みになっていることが多い。

長さを決めるには、まず大体でもいいから自分がよく行くであろう釣り場を想定することが大切だ。岸の両側から木が張り出しているような小さな渓流を釣りたければ2.7〜3.3m、河原が開けているような川なら3.6〜3.9mという具合に。テンカラ釣りの場合、川の規模と竿の長さが合っていないとかなり釣りづらくなってしまうので、1本でなんでもできる竿を求めるのはやめたほうがいい。

考え方として、竿は長ければ長いほど手前の流れをかわすことができるという点で、毛鉤を流しやすい。一方、

竿の長さの大まかな目安
源流・渓流　2.7〜3.6m
本流　3.3〜3.9m

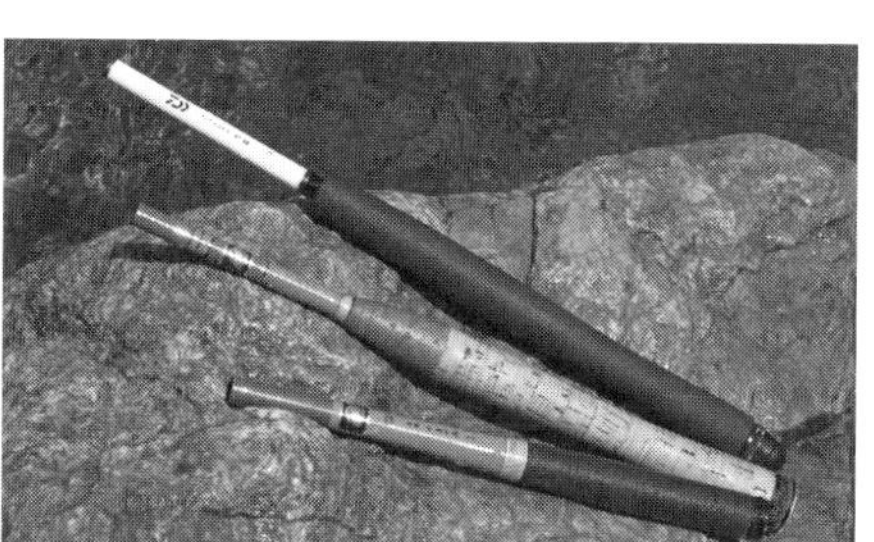

仕舞寸法も要チェック
ほとんどのテンカラ竿は振り出し式になっていて、移動時は短くすることができる。仕舞寸法は竿によって異なるので、全長と合わせて確認をしておこう

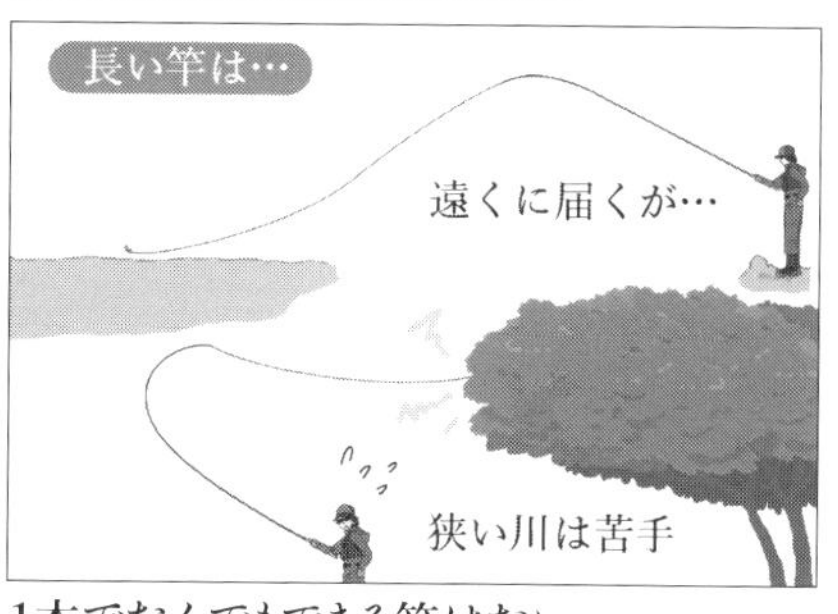

1本でなんでもできる竿はない
短い竿は狭い川でも振りやすいが、広い川を釣ろうとすると、手前の流れを避けづらい。狭い川では長い竿だと釣りにならない。1本でどんな川でも釣れるという考えは捨てたほうがいい

吉田の教え

短い仕舞寸法には落とし穴も……

仕舞寸法を短くするには継ぎ目を増やす必要があるため、設計が難しく、コストもかかる。それだけ高価にもなってくる。逆に言うと、仕舞寸法が短いのに安い竿は、どこかに欠陥があるかもしれないと、少し疑いの目を持ったほうがいい。物干し竿のような、調子のまったく出ていない竿も存在するので注意しよう。

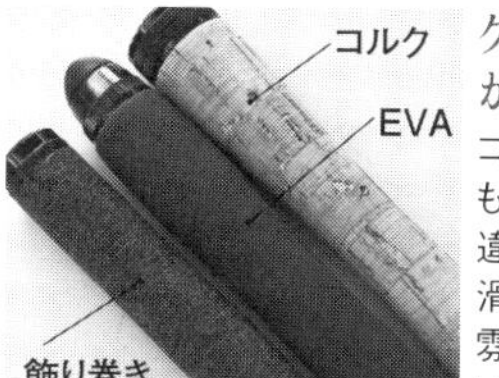

グリップはコルクかEVA
コルクとEVA、どちらも使いやすさに大きな違いはない。濡れても滑りづらいのはEVA。雰囲気を重視した飾り巻きタイプもある

長くなればその分、周囲に引っかかりやすくもなるし、重くもなるので、扱いづらくなっていく。そのバランスで選ぶことになるのだが、注意すべきは重量を気にしすぎないことだ。

テンカラ竿は、自重以上に振った時の持ち重りのほうが使っていて気になるものだ。持ち重りを解消するため、わざとグリップにウエイトを入れている竿もある。だからこそ、釣具店で選ぶ際は、買う前にメインラインとハリスまで付けた状態で振らせてもらおう。それを拒むような釣具店では、そもそも正しいアドバイスを受けられる保証はない。

仕舞寸法にも注意したい。ザックにくくりつけて登山道を歩くぐらいなら40〜50㎝でも問題ないが、そのまま沢登りなどをする場合は、さらに短い仕舞寸法を選んだほうが得策だ。ただ、仕舞寸法を短くするには技術を要する分、高価になることも覚えておこう。

テンカラ竿の選び方（調子）

テンカラ竿の調子とは?

先調子は、胴がしっかりしていて、穂先近くで曲がる竿。胴調子は、胴から竿全体が曲がり込み、比較的柔らかい竿。調子は、竿全体を十等分して、曲がり込む部分の位置を、5:5（胴調子）や、8：2（先調子）などと表す。廉価版のテンカラ竿は、中間的な6：4調子や7：3調子のものが多い

胴調子に向いた開けた川

先調子に向いた小渓流

釣り場の広さがひとつの目安

胴調子の竿は、初心者にも投げやすい。バックスペースを取れる開けた川に向く。先調子の竿は、細かくピンスポットを狙い撃つ釣りには有利。入門者はやや開けた釣り場で、中間調子から胴調子気味の竿で投げる練習をするのがセオリーだ

先調子と胴調子の長所と短所を知ろう

テンカラ竿を選ぶ上で、長さとともに気をつけたいのが調子だ。調子とは曲がり方のこと。竿の胴（中ほど）がしっかりしていて、先のほうが曲がりやすい竿を先調子、竿の胴から曲がる竿を胴調子と呼ぶ。それぞれにメリット・デメリットがあるので、それを理解した上で選ぶとよい。

先調子のメリットは、胴がしっかりしている分だけ振った時のブレが少なく、狙ったピンスポットに毛鉤を着水させやすい。一方、力のかかり具合が穂先の一点に集中してしまうため、急角度で曲げると破損しやすいというデメリットがある。

胴調子は、胴から全体的に曲がり込むため、先調子に比べて柔らかめの竿になることが多い。竿が柔らかいとよくしなるため、初心者が軽いラインを

先調子は扱いが難しい

胴がしっかりして先だけ曲がる先調子の竿は、キャスト時の振り幅が狭く、また振れ方も速くなるので、毛鉤を振り込む際のタイミングが取りづらい。特に軽いレベルラインは投げづらく、難しい道具で練習を重ねると、変なクセが付いて戻すのに苦労することもあるので注意。また、アワセを入れた際のクッション性も乏しいので、細いハリスはアワセ切れの危険も多い

入門は胴調子寄りがベター

胴から全体的に曲がり込む胴調子は、幅広くゆっくりと振れるため、キャスト時のタイミングを取りやすい。極端な胴調子は、広い釣り場でないと使いづらい面もあるが、入門者は中間調子から胴調子寄りの竿で練習するのがベターだろう。竿全体のクッション性が高いため、細いハリスを使ってもアワセ切れをしにくいという利点もある。レベルラインとの相性も優れている

吉田の教え

竿を長く使うために

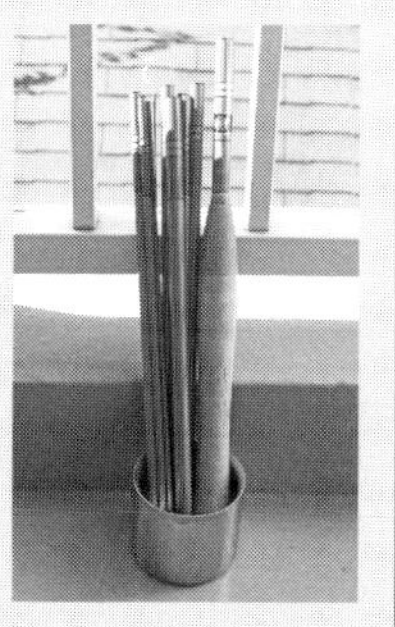

釣りから帰ってきたら、握りの後ろにあるエンドキャップを外し、竿のパーツを分けて手拭いなどで砂や水気を拭き取った上で、しっかり乾燥させよう。濡れたまま放置してしまうと竿も痛むし匂いも出る。日頃からエンドキャップを外すクセをつけておくと、常に意識するようになるので、釣り場で落としても気付きやすい。

吉田の教え

同じシリーズで揃えると便利

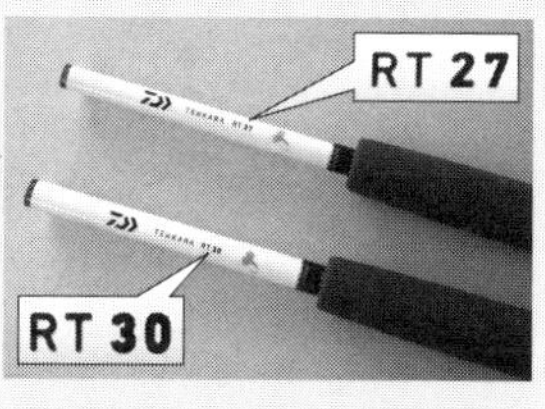

長さ違いの竿を数本用意する際は、同じシリーズで揃えると、調子が似ているので慣れが早い。また、お互いにパーツの替えが利く場合も多いので、例えば穂先が折れてしまった時に、別の長さの釣り竿から外して付け替えることができれば、いざという時のスペアにもなる。写真のRT27は2.7m、RT30は3.0m。

使っても遠くに飛ばすことができるというメリットがある。また、アワセを入れた時にもクッションが効いてアワセ切れを防いでくれるので、細いハリスも使いやすい。一方、竿が大きく振れるので、広いスペースがないと振りづらく、ブレやすいので振り込み精度も先調子に比べ、やや劣る。

一長一短あるが、小渓流でコンパクトに振りたければ先調子、開けた川で軽いレベルライン（P.38参照）を遠くに飛ばしたければ胴調子といったところだろうか。先調子の竿で軽いレベルラインを遠くに飛ばすのは少しコツがいるので、最初は避けたほうが無難だろう。

廉価のテンカラ竿には、先調子でも胴調子でもなく、6：4や7：3といった中間の調子の竿が多い。最初は振りやすい中間調子を選んで練習を重ね、ゆくゆく自分の好みに応じて選び直していくのも一案だ。

メインラインの選び方

テンカラ釣りのメインライン

テーパーライン

長所　投げやすい
短所　途中で切って使えない

先に行くほど細くなるテンカラ専用ライン。太い部分の重さで前方への推進力を得ながら、ハリスへの力の伝達をスムーズにして、毛鉤の着水をソフトにできる特性を持つ。素材は主に、しなやかでクッション性の高いナイロンと、直進性に優れ感度の高いフロロカーボン。それぞれモノフィラ（単糸）のものと、複数本を束ねて撚った、撚り糸がある

レベルライン

長所　どこから切っても使える
短所　細い番手だと投げにくい

均一の太さで、どこから切っても使えるライン。テーパーラインに比べ、ライン自体にある程度の重量がないとキャストが難しくなるため、素材は主に比重の高いフロロカーボン。伸びが少なく直進性にも優れるため、魚をかけるアワセも利きやすい

視認性の高さも重要

自分にとって見やすいラインを使うことで、毛鉤を流す際の目安になる。蛍光グリーンやイエロー、オレンジなど、さまざまなカラーがあるので、自分に合ったラインを選ぼう

まずはキャストしやすいラインを選びたい

ウエイトのあるルアーをキャストしたり、オモリの付いた仕掛けを投入するエサ釣りとは違い、テンカラ釣りは、ほとんど重量のない毛鉤をメインラインの重さで振り込む釣りとなる。つまり、メインライン自体がオモリの役割を果たしている、というわけだ。ここがテンカラ釣りの大きな特徴であり、入門者が突き当たる最初の壁にもなっている。

とはいえ、そこまで身構える必要はない。「壁」と感じてしまう人の大半は、メインラインの選択を含め、投げづらい道具で始めてしまっている。そうならないためにも、メインラインの特徴を理解しておきたい。

テンカラ釣りのメインラインには2タイプある。竿先から毛鉤に向かって少しずつ細くなるテーパーラインと、

ラインが毛鉤を送り込む

多くの釣りでは、仕掛けやルアーがメインラインを引っ張りながら投入されるが、テンカラ釣りの場合、ラインが毛鉤を引っ張り、ポイントまで送り込むことになる。キャストのコツはP.48～

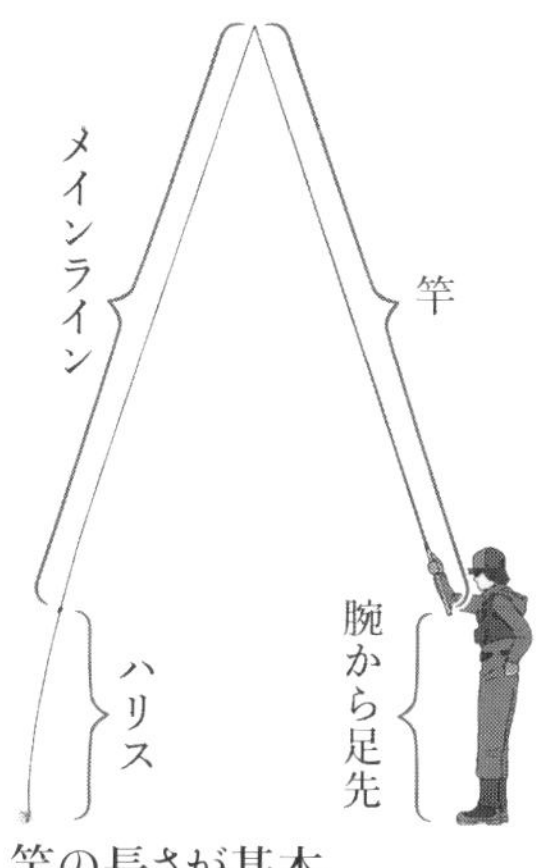

竿の長さが基本

メインラインの長さは、竿の長さに合わせるのが基本。そしてメインラインの先につけるハリスは、釣り人の腕の高さから足先までの長さ（1.2～1.5m）が基本。この投げやすいバランスで、キャストを練習しよう

吉田の教え

使用前は引っ張って強度を確認

メインラインは巻きぐせが付いていると投げにくいので、使用前に両手でしっかりと伸ばす。その際、ある程度の力をかけて強度も一緒に確認するクセをつけることで、交換のタイミングを知ることができる。確認時に切れてしまったら交換だ。

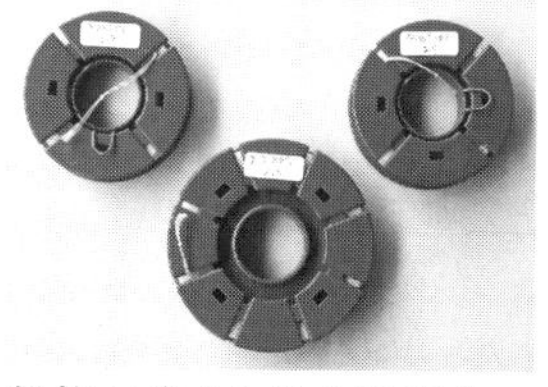

仕掛け巻きも必ず用意を

メインラインは使い捨てではなく、強度が落ちるまで何度も使える。移動時や使用後に巻けるコンパクトな仕掛け巻きも用意しよう。巻いているラインのラベルを貼っておくと使い分ける際にも便利

ずっと同じ太さのレベルラインだ。

先にいくほど細くなるテーパーラインは、毛鉤を送り込みやすくするために作られてきただけあって、投げやすい。一方のレベルラインも、ある程度の太さがあれば、重量が増すので投げやすいが、細いものを選ぶと、投げるのにコツと慣れが必要になってくる。

投げづらいラインだとなかなかキャストが上達しないばかりか、無理やり投げるクセが一度付いてしまうと、なかなか直すことができなくなる。そのため、まずはテーパーラインか、3号以上のレベルラインで練習しよう。

キャストに慣れれば、自分の釣りに応じてあらゆるラインを使い分けることができる。直進性に優れるフロロカーボン製のレベルラインは感度が高く、どこで切っても使えるので便利だ。小さなピンスポットを狙い撃ちたければ、キャスト精度により優れたテーパーラインにこだわるのもいいだろう。

ハリスの選び方

素材 2大素材を使い分けよう

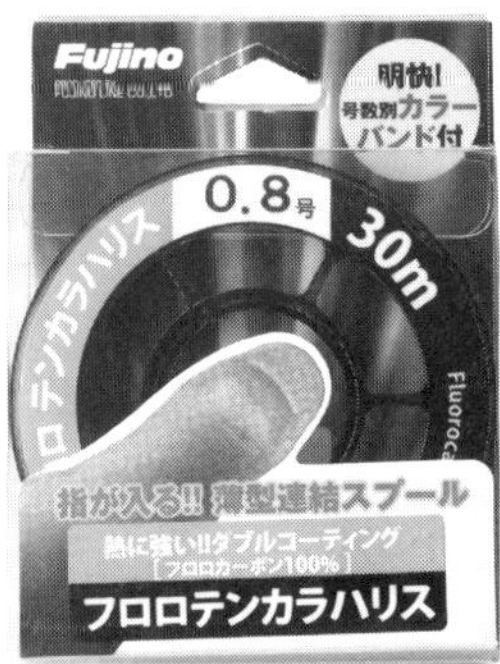

フロロカーボン
長所：コシがあり投げやすい。スレに強い
短所：あまり欠点はなく万能

コシがあり直進性にもすぐれるため投げやすい。摩擦強度に優れ、ナイロンよりも一番手細い号数を選ぶことができる。あらゆる状況で使いやすく、入門者にもおすすめ

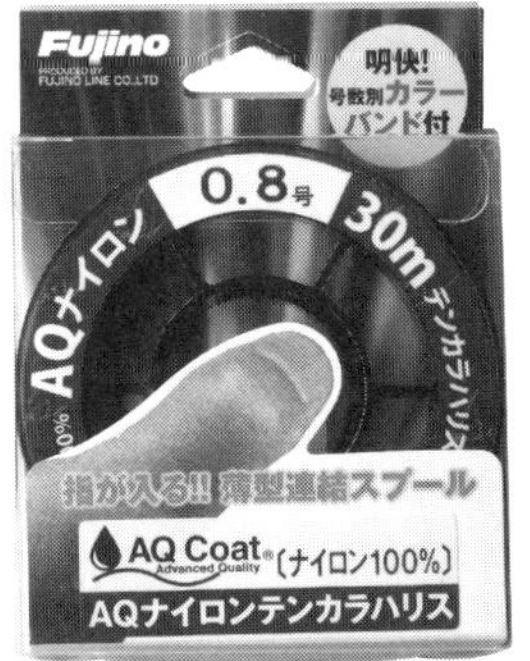

ナイロン
長所：しなやかで沈みづらい
短所：軽く、やや投げづらい

細いナイロンはとても柔らかく毛鉤を自然に流せるため、スレた魚には効果的。フロロカーボンよりも比重が低く沈みづらいため、ドライフライの釣りにも向いている

太さ 1.5号以上は竿を破損させてしまう恐れがあるので注意！

ヤマメ・アマゴ	フロロカーボン0.6号 ナイロン0.8号
イワナ 大型のヤマメ・アマゴ	フロロカーボン0.8号 ナイロン1.0号
大型のニジマス	フロロカーボン1.0号 ナイロン1.2号

ハリスはフロロカーボン0.8号が、多くの釣り場での基準。繊細なヤマメやアマゴ狙いなら0.6号に、大型のニジマスがいる川や管理釣り場なら、1.0号が安心だ。ナイロンを選ぶ際は、それぞれフロロカーボンよりも一番手上げる。1.5号以上のハリスは竿を破損させる危険性があるので注意したい

素材・太さ・長さを選んで使い分けよう

ハリスとは、メインラインと毛鉤の間に付ける、細く目立たない釣り糸のこと。リーダーともいう。毛鉤を運ぶために重量のあるメインラインは、どうしても太くなるため、魚に違和感を与えやすい。間に細くしなやかなハリスを介すことで、釣り糸の存在感を減らしつつ、毛鉤に不自然な動きを与えないようにすることができる。

ハリスの素材にはフロロカーボンとナイロンがあるが、入門者には強度が高くコシがあって投げやすいフロロカーボンがおすすめ。しなやかで比重の低いナイロンは、ドライフライなど浮く毛鉤を用いる際に、ドラッグがかかりづらいなどの利点を持つが、柔らかく軽いため、やや投げづらいという欠点もある。最近は、特殊コーティングにより強度と浮力をアップしたナイロ

長さ　1mを切ると魚は強く警戒するので注意!

ヒロや矢引きが目安

ハリスの長さを決める目安としては、ヒロ（両腕を広げた長さ）や矢引き（片方の肘を折りたたんで矢を引くような形）が使いやすい。自分の1ヒロや矢引きが実際にどのぐらいの長さなのかをあらかじめ測っておくことで、現場で迅速に、より正確な長さを測ることができる

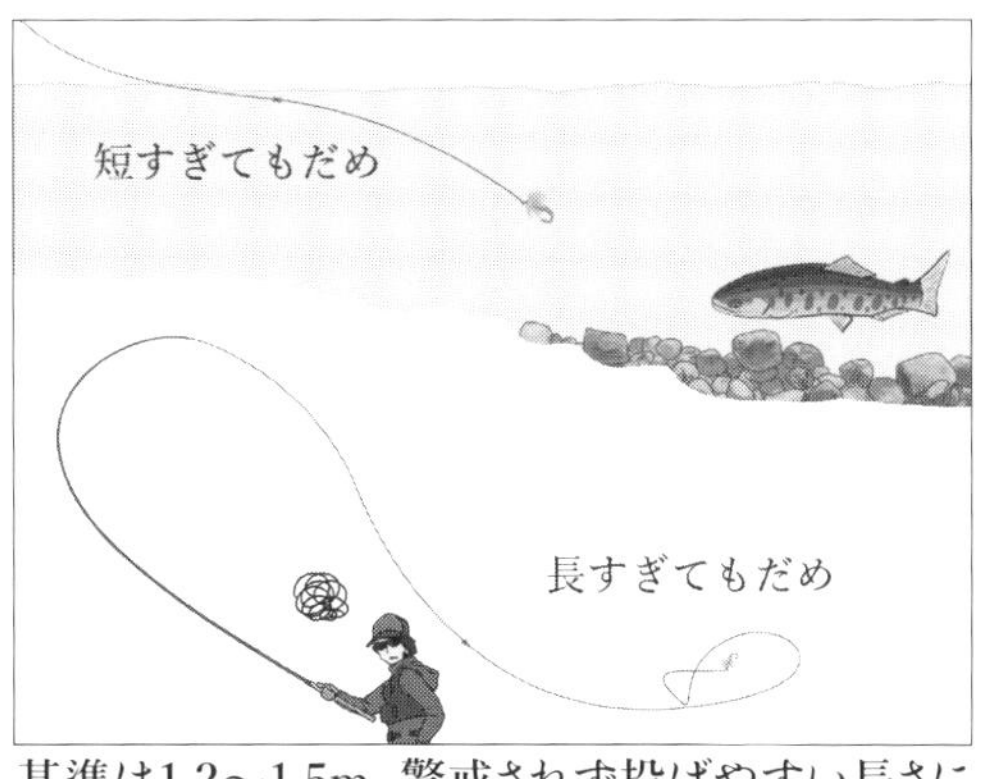

基準は1.2〜1.5m。警戒されず投げやすい長さに

ハリスの長さ、つまり太く存在感のあるメインラインから毛鉤までの長さが1mよりも短くなると、魚（特にヤマメ）は警戒心を抱きやすくなり、途端に釣りづらくなる。ハリスが長ければ長いほど、魚からは警戒されづらいが、長すぎると今度はキャストがしづらくなってしまう。基準は1.2〜1.5m。ハリスは毛鉤を変えるたびに少しずつ切り詰めることになるが、1mを切ったらハリスごと交換するようにしよう

吉田の教え

釣るためのタックル選びは魚から

ここまで竿、メインライン、そしてハリスという順番で紹介してきたが、本当に釣ることだけを考えれば、タックル選びは本来、まず魚ありきであることを覚えておこう。狙う魚の状態によって毛鉤が決まり、使う毛鉤によってハリスが決まり、そのハリスと毛鉤を送り込むためのメインラインが決まる、という順番だ。多くの人は竿から決めてしまうため、どうしてもギクシャクしてしまう。もっとも釣りには「この道具で釣りたい!」という楽しみ方もある。だが、釣果を上げることを第一にした場合は、なによりもまず魚ありき、なのである。

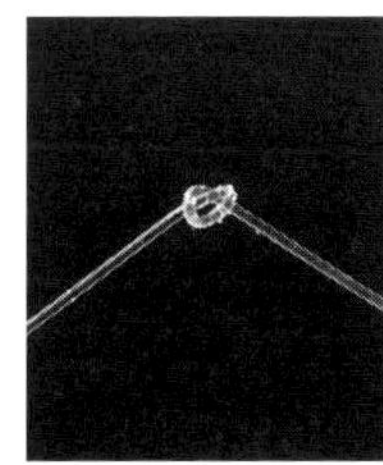

ウインドノットに注意

毛鉤を撃ち込む時のキャストの加減で、いつの間にかハリスに結びコブができていることがある。「ウインドノット」（風による結び）と呼ばれる現象だ。放っておくと、糸切れの原因にもなるので、見つけたらハリスを交換しよう

ン製ハリスもあり、選択の幅は広がっているので、釣りに応じて使い分けてみるのもよいだろう。

太さは0．6〜1．2号の範囲がおすすめ。昔の入門書には1．5〜2号のハリスがおすすめされていることがある。だが、ハリスの強度は年々上がっている。そのため、1．5号を超えるようなラインを使うと、アワセを入れた瞬間に衝撃で竿が破損してしまうこともあるので注意が必要だ。

長さは1．2〜1．5mが基準。それよりも長くなると投げづらくなり、1mよりも短いと、魚の食いが極端に悪くなる。

上に紹介したウインドノットのほか、クモの巣の糸が絡んでコブのようになったまま釣り続けるのもよくない。ハリスに絡んだクモの糸は、そのつどメインラインとの結び目までたくしあげておき、ハリスを付け替える時に取り除こう。

テンカラ仕掛けの結び方

メインラインとハリス、ハリスとハリ、メインラインと竿先の結び方を紹介。どれも簡単にできるものばかりなので、しっかり覚えよう。

メインラインとハリスの結び方

結び部を作る

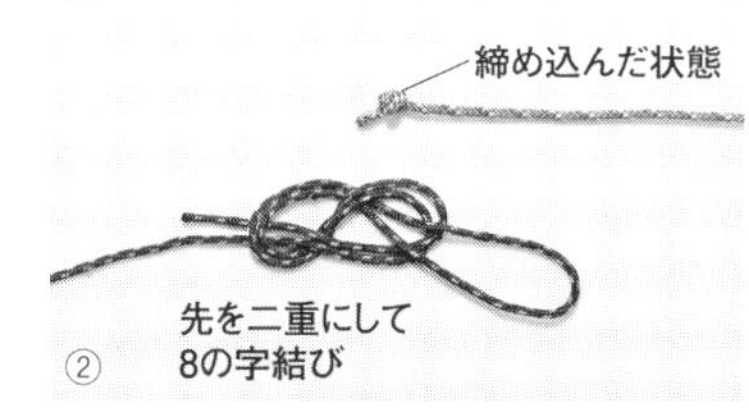

①メインラインの先端に8の字結びでコブを作る。②メインラインの結びコブの端糸は2mmほど残してカット。次にハリスの先を二重に折って、8の字結びをして輪っかを作る。③輪っかは長さ5cmぐらいにするとその後の作業がしやすい。端糸は2mmほど残してカット

ハリスを連結できる状態にする

④ハリスの先に作った輪っかに人差し指と親指を通す。⑤指を返して、指の周りに輪を作る。⑥2つの輪を重ねる

メインラインとハリスを結ぶ

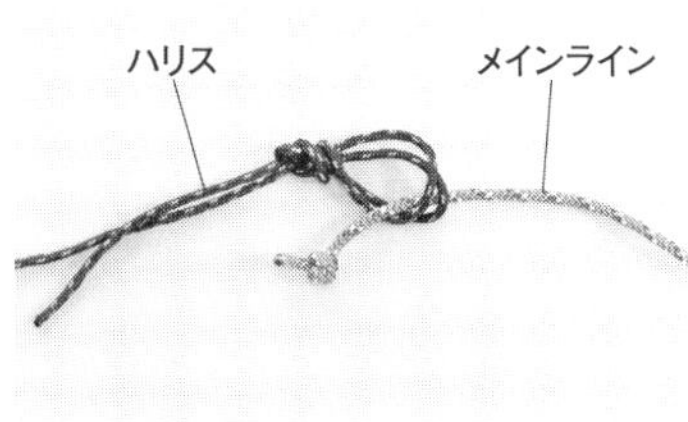

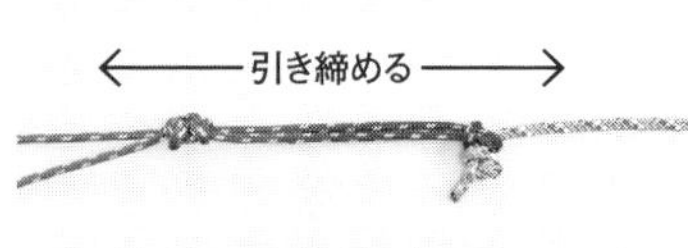

⑦ハリスの先に作った輪の中にメインラインの先端を通す。⑧ハリスをしっかりとメインラインに締め込む（ここが中途半端だと外れてしまうので注意）。⑨メインラインとハリスを両側から引いて締め込んで完成

＊ここでは結び方をわかりやすくするため、釣り糸の代わりに細引きを使用しています

竿先とメインラインの結び方

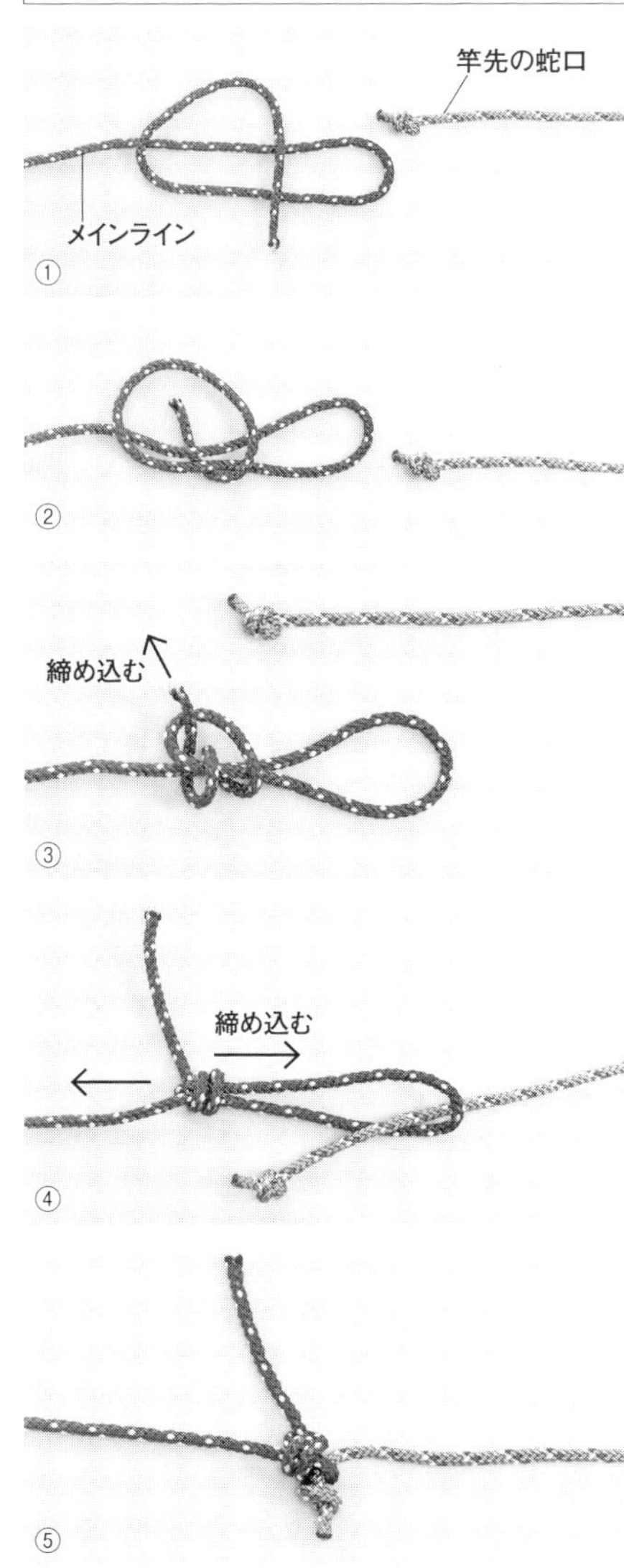

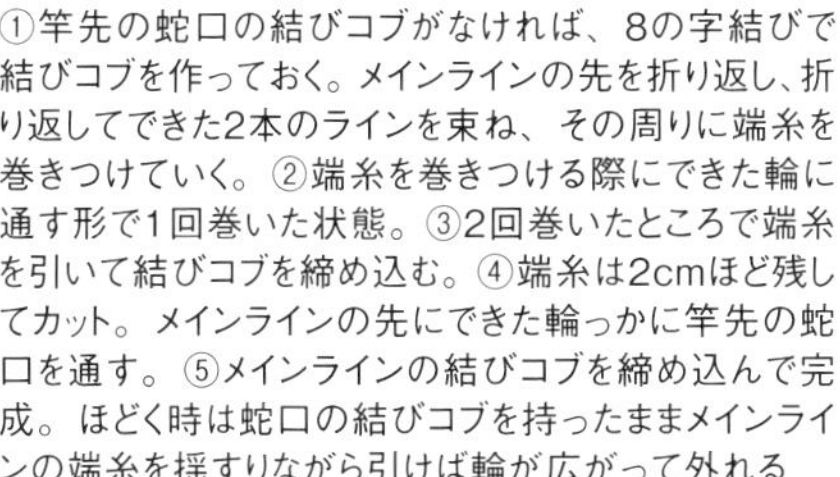

①竿先の蛇口の結びコブがなければ、8の字結びで結びコブを作っておく。メインラインの先を折り返し、折り返してできた2本のラインを束ね、その周りに端糸を巻きつけていく。②端糸を巻きつける際にできた輪に通す形で1回巻いた状態。③2回巻いたところで端糸を引いて結びコブを締め込む。④端糸は2cmほど残してカット。メインラインの先にできた輪っかに竿先の蛇口を通す。⑤メインラインの結びコブを締め込んで完成。ほどく時は蛇口の結びコブを持ったままメインラインの端糸を揺すりながら引けば輪が広がって外れる

ハリスとハリの結び方

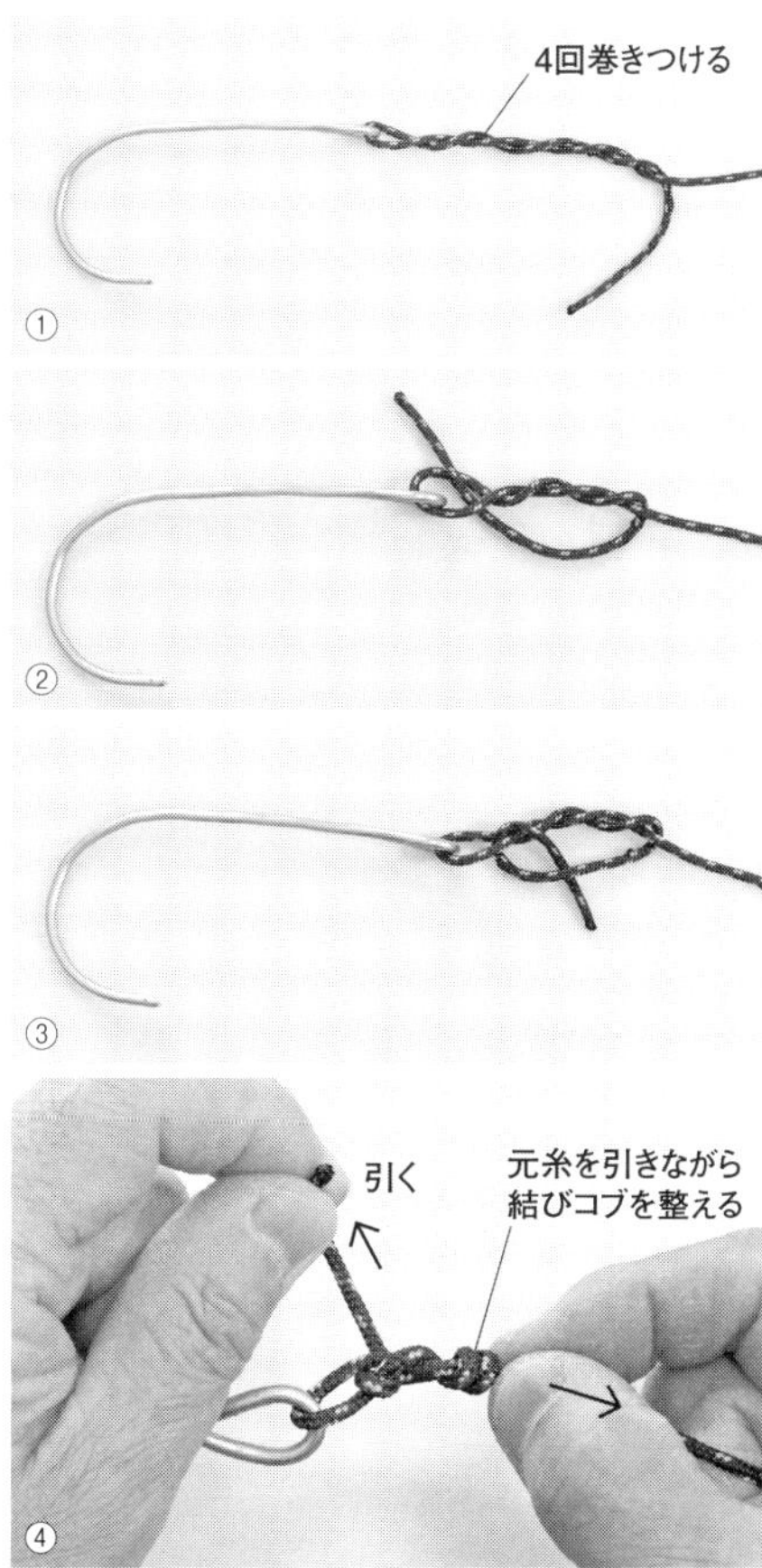

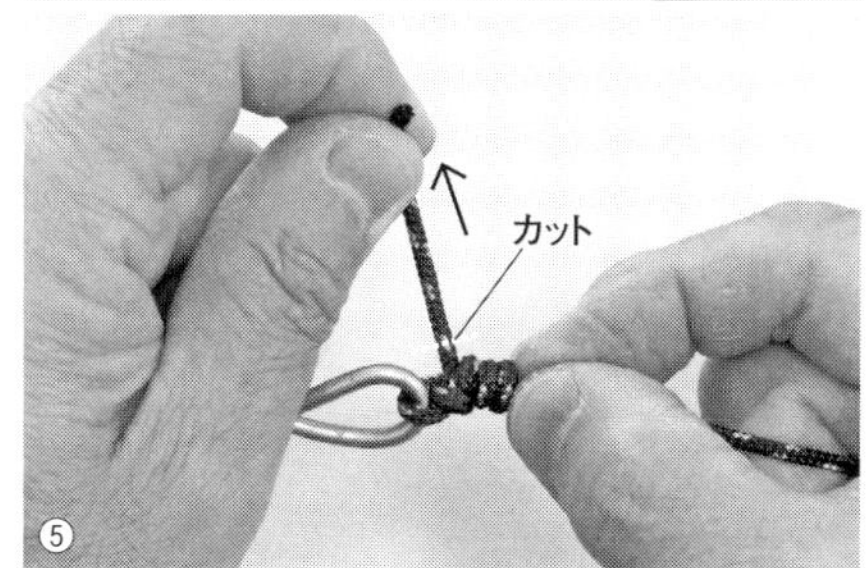

クリンチノット。①ハリスの先端をカンに通し、端糸を折り返して元糸に4回巻きつける。②カンの手前にできた輪に端糸を通す。③カンの手前の輪に端糸を通したことで作られた輪に端糸を通す。④端糸と元糸を両方引きながら、コブを結び目に整えながら寄せていく。⑤摩擦を減らすために結び目を濡らし、最後にしっかりと締め込み、端糸を2mmほど残してカット

＊上記は竿先とレベルラインの結び方。ぶしょう付け（チチワ）の付いたテーパーラインの場合、右ページの「メインラインとハリスの結び方」に準じて竿先に付いた蛇口のコブに結ぶ

そろえておきたい小物類

フォーセップ ★★

ラインクリッパー ★★★

フックシャープナー ★★

三種の便利な小物

フォーセップは魚の口から毛鉤を外す時に便利。また、ハリのカエシを潰してバーブレスにする時にも使える。メインラインやハリスを切るハサミは必須だが、なかでもギリギリで切れる爪切りタイプのラインクリッパーがおすすめ。根がかりするとハリ先が潰れてしまうことがある。そんな時に簡単に研ぐことのできるフックシャープナーも、釣果を上げる上でかなりの立役者になる

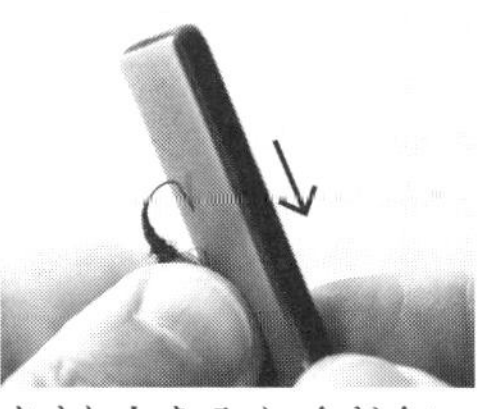

あまり力を入れすぎずに

フックシャープナーをハリ先に当て、フトコロ側からハリ先に向けてシャープナーを数回擦る

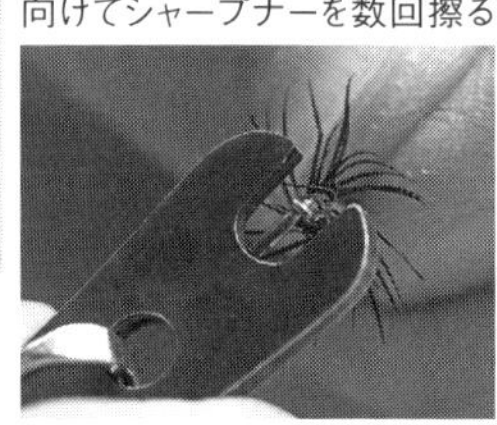

ニードル付きがおすすめ

ラインクリッパーはニードル付きのものが便利。毛鉤のカンの詰まりを取り除ける

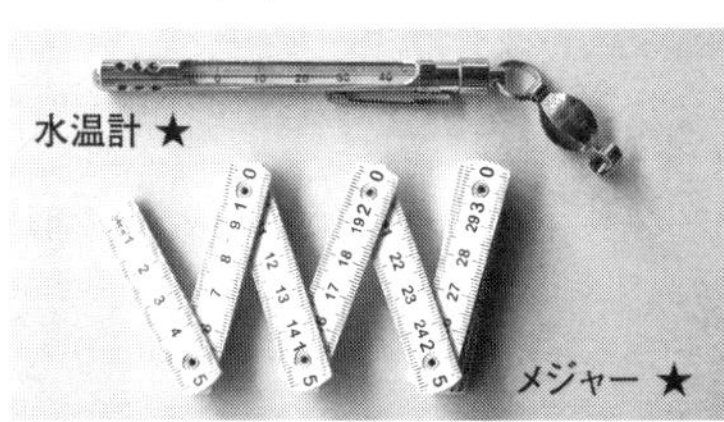

魚をもっと知りたい人に

水温計やメジャーはコンパクトで丈夫なものを。水温は絶対温度よりも前後の時間帯との差を意識することが大切。10秒は水に浸けよう

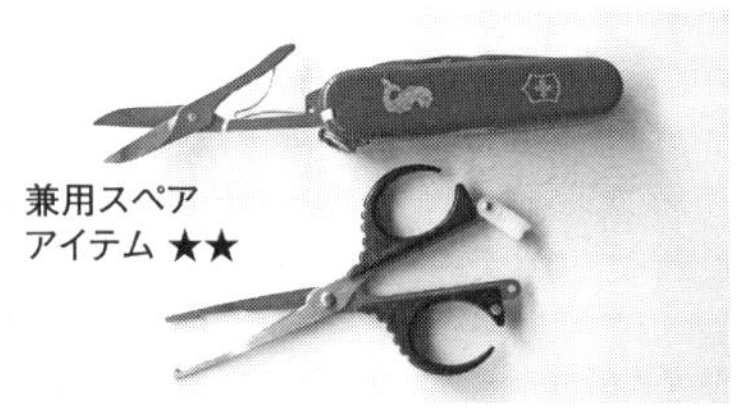

いざという時のマルチツール

シャープナー付きのナイフや、ハサミ付きの小型ペンチなど、小さなマルチツールをひとつ忍ばせておくと、いざという時に役に立つ

安全・快適に楽しめるように

前のページに「テンカラ釣りは竿とメインラインとハリスと毛鉤があれば成立する」と書いた。それに偽りはない。だが、より安全に、楽しく、スマートにテンカラ釣りをしたければ、ここで紹介する小物類を、ぜひ用意してほしい。それぞれの小物の必要性に応じ、星を付けた。

★★★必須とも言える道具。

★★ できたら用意しておきたい道具。

★ あると便利な道具。

それぞれについては上で紹介するが、ここでは特に偏光グラスについての有効性を書いておこう。

水面のギラツキや光の反射を抑え、水中を見やすくしてくれる偏光グラスは、テンカラ釣りにとってなくてはならないアイテムだ。沈んだ石や魚が格段に見やすくなるのはもちろんのこと、

偏光グラス ★★★

目を保護しながら水面の視認性を高める

レンズカラーによって見え方の色味や明るさが異なるため、自分の目や、よく行く釣り場に合ったものを選びたい。写真はマグネット式でメガネに偏光レンズを着脱できるモデル

タモ網 ★★★

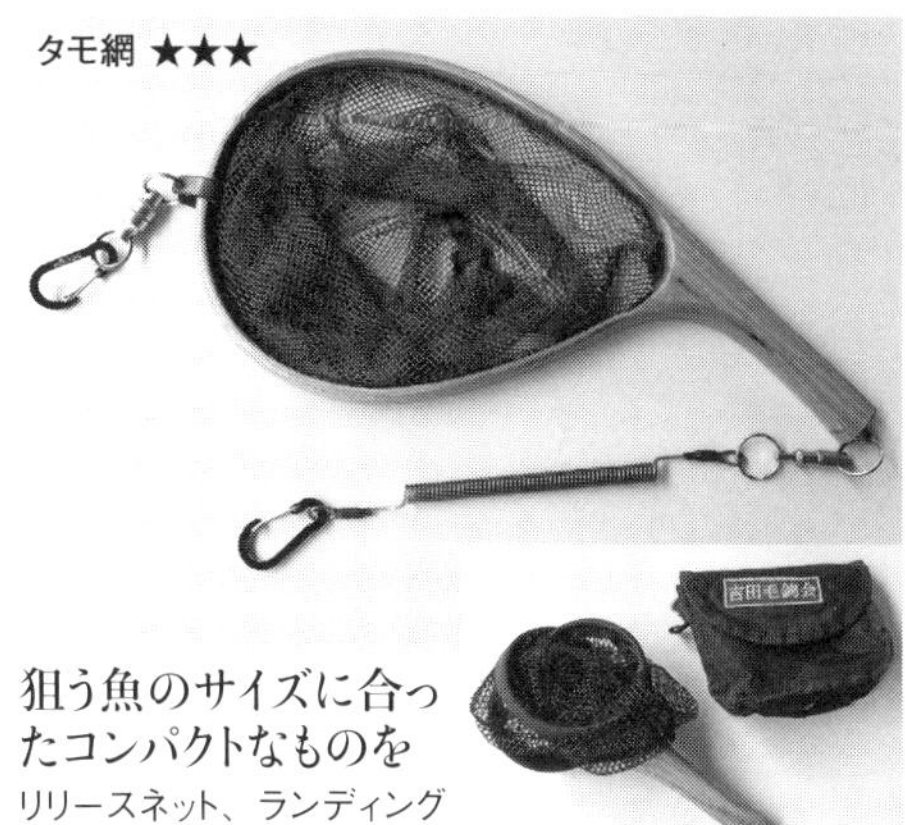

狙う魚のサイズに合ったコンパクトなものを

リリースネット、ランディングネットとも呼ぶ。かけた魚を取り込むためのもの。魚にダメージを与えづらいラバーコーティングされたネットがおすすめ。上はフライフィッシング用、右はコンパクトに持ち運べる折りたたみ式。魚を傷めずに撮影する際にも重宝する

吉田の教え

ヘラウキケースはとても便利

源流など釣り場まで長距離歩く時、テンカラ竿を安全に持ち運ぶには、ヘラウキ用のプラスチック製ケースがとても便利。丈夫でなおかつコンパクト。長さのバリエーションもあるので、自分の竿に合ったものを選ぶことができる。サイズを選べば、複数本をまとめて入れることもできる。

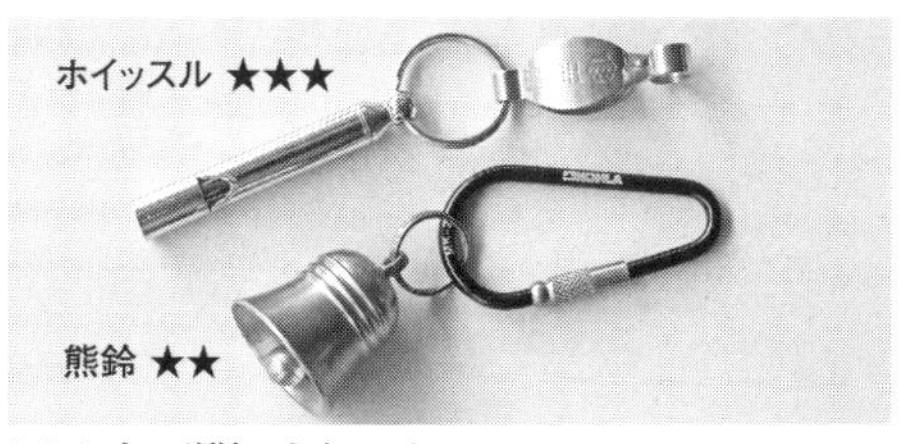
ホイッスル ★★★
熊鈴 ★★

川は声が聞こえない！

川では大声をあげても流れの音にかき消されてなかなか遠くへは届かない。比較的安全な釣り場でも、いざという時のために、エマージェンシー用のホイッスルを必ず所持しよう。120dBあるものを選びたい。熊鈴もあると安心。クマの気配の濃い場所では、2種類以上の音色を出すと効果的という話もある

水面近くのラインや毛鉤も、とても見やすくしてくれる。さらに流れのスジや方向など、水面の細やかな変化も偏光グラスを通してみることで、よりくっきりと把握することができるのだ。

また、目を保護するという理由からも、偏光グラスの重要性は高い。渓流には左右の木々から小さな枝がたくさん張り出している。不意に目を突いてしまったら大変だ。また毛鉤が眼球に刺さってしまうリスクも回避できる。さらに、余分な紫外線をカットすることで目の疲れを軽減する働きもある。

メガネの人は、度付きの偏光グラスにしてもよいが、どうしても高価になってしまう。最近は偏光レンズをマグネット式で着脱できるメガネが比較的安価で販売されてもいるので、釣りと普段兼用で用意してもよいだろう。

レンズには明るさや色味のバリエーションがあるので、できるだけ自分の釣り場と目に合ったものを選ぼう。

リスクマネジメント

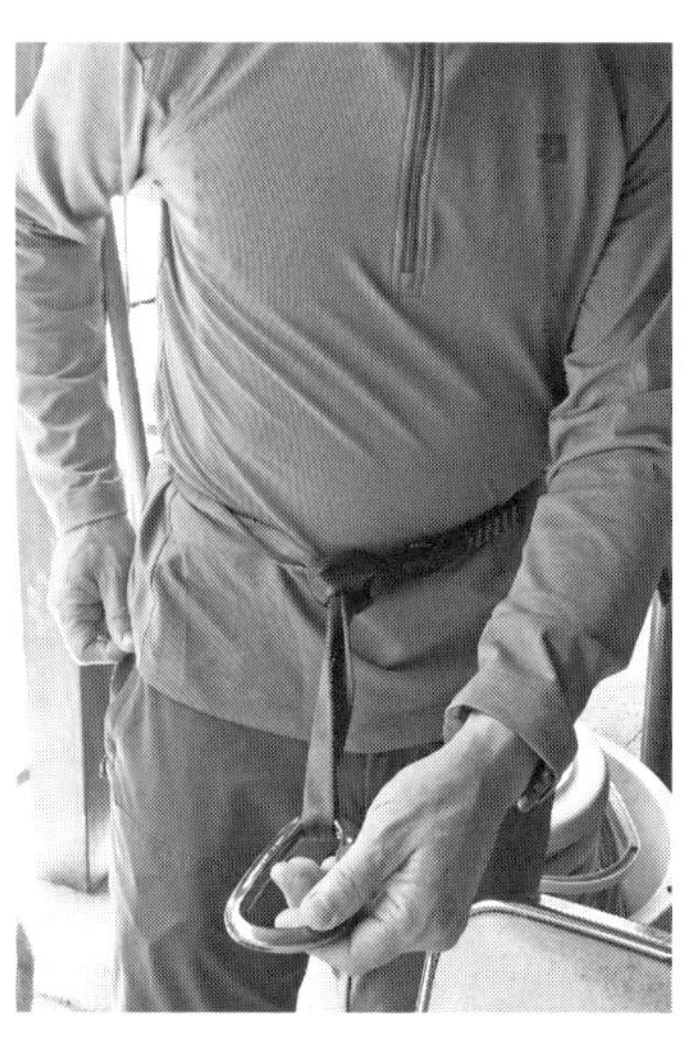

セルフビレイ（険しい場所で、自分で体の安全を確保すること）用のスリングとカラビナ。左写真のようにも使え、ロープとともに用意しておくことで役に立つ局面もある

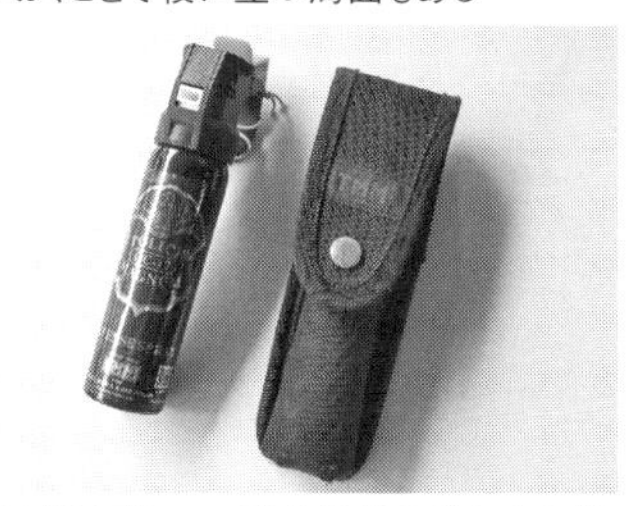

熊よけスプレー。安全装置の外し方など、あらかじめ使い方を練習しておこう

釣りは、水に絡む場所で行動するため、常に危険と背中合わせである。特に山岳渓流で釣りをする場合は、それなりのリスクを考え、対応策を取っておきたい。例え日帰りといえどもケガや道迷いなどにより、渓で夜を明かす可能性があることも念頭におきたい。日が暮れると渓流は一気に寒くなり、濡れた衣服のままでは低体温症の危険もある。保温のための着衣や着替えも必要となる。

また、野生生物への対応、滑落や転倒時の対処も重要だ。たとえ里川といえども、入渓している以上、ケガのリスクはどこにでもある。仮に日没直前まで釣りをしていたら、足元が真っ暗になり、歩くことが困難になることもある。

そのような時のために、フラッシュライトにホイッスル、常備薬に傷薬にバンテージ、モバイルバッテリーや予備の乾電池、アルミ蒸着のエマージェンシーシートなど、携帯するためにコンパクトにまとめた、エマージェンシーキットを作って持参するとよい。釣り場によっては、進退に窮まった場合のセルフビレイ用のスリングやカラビナ、ロープ、熊鈴、熊よけスプレーなどを携帯することも考えないとならない。緊急時の行動食や、水分が必要になることもある。自分の出かける場所を事前に調べ、危険をあらかじめ予測して持ち物のリストを作っておくとよい。

（吉田 孝）

第4章 キャスティングから魚のキャッチまで

この章では、毛鉤(けばり)を投げ入れるキャスティングから、魚を毛鉤にかけるフッキング、かけた魚とのやり取り、そしてキャッチまでの一連を紹介。特に、軽い毛鉤をメインラインの重さで投げるキャスティングには少しコツがいるので、しっかり理解して練習を重ねよう。

キャスティング練習の準備

テンカラ釣りの練習に向いている場所と道具

〈場所〉	十分なスペースがあり、風の弱い場所
〈道具〉	
竿	3.3mぐらいまでの長すぎない中間調子から胴調子のもの
ライン	竿と同じ長さにして、ある程度重さのあるテーパーラインを選ぶ。レベルラインならフロロカーボンの4号ぐらい
ハリス	フロロカーボンかナイロンの0.8号で長さは1.2〜1.5m
毛鉤	フックサイズ14番前後のウエイトなしの普通毛鉤

ラインを長くしすぎないように

道具は上表の範囲内なら問題なし。実際の釣りもこのバランスのまま行うことができる。先調子の竿、軽すぎるラインはキャスティングが難しくなるので注意。また、ラインが長すぎても、なかなか上手く投げるのが難しくなる

ハリ先を折っておくと安心

練習時はハリ先を折った毛鉤を使うと安心。少なくともカエシを潰してバーブレスにしておこう

竿は穂先から伸ばす

竿を伸ばす際は、穂先を引き出し、ラインを結んでからー節ずつ伸ばしていく。仕舞う時は逆に根本側からしまい、最後にラインを竿先から外す

技術不足を補ってくれるのは正しい道具のバランスだ

テンカラ釣りは手軽で簡単。この言葉に間違いはないが、少し付け足したいことがある。それは「正しい道具のバランスで、少しだけキャスティング練習を行えば」ということだ。実際の話、上手く毛鉤が投げられずに諦めてやめてしまう人も少なくない。だが、それはテンカラ釣りが難しいのではなく、多くの場合、キャストしづらい道具を使っているためである。

道具のページでも触れたが、最初からしなりの少ない先調子の竿で、細くて軽いレベルラインを投げるのは、なかなか高いハードルだ。また、竿に比べてメインライン（以下、ライン）やハリスが長すぎると、ラインコントロールが難しくなり、投げづらくなってしまう。

バランスの取れた投げやすい道具の

竿の握り方

キャスティングの際には基本的に手首を動かすので、手首の自由が利きやすい握り方がいい。写真のように人差し指を伸ばして竿に当てる握り方は、手首を動かしやすく、しかも振る方向性を付けやすいのでおすすめだ。グリップの前方を握るほど、軽い力で投げることができる

親指が上だとブレが生じやすい

親指が上にくる握り方もあるが、振る方向性を定めるのが難しく、キャストが左右にブレやすい

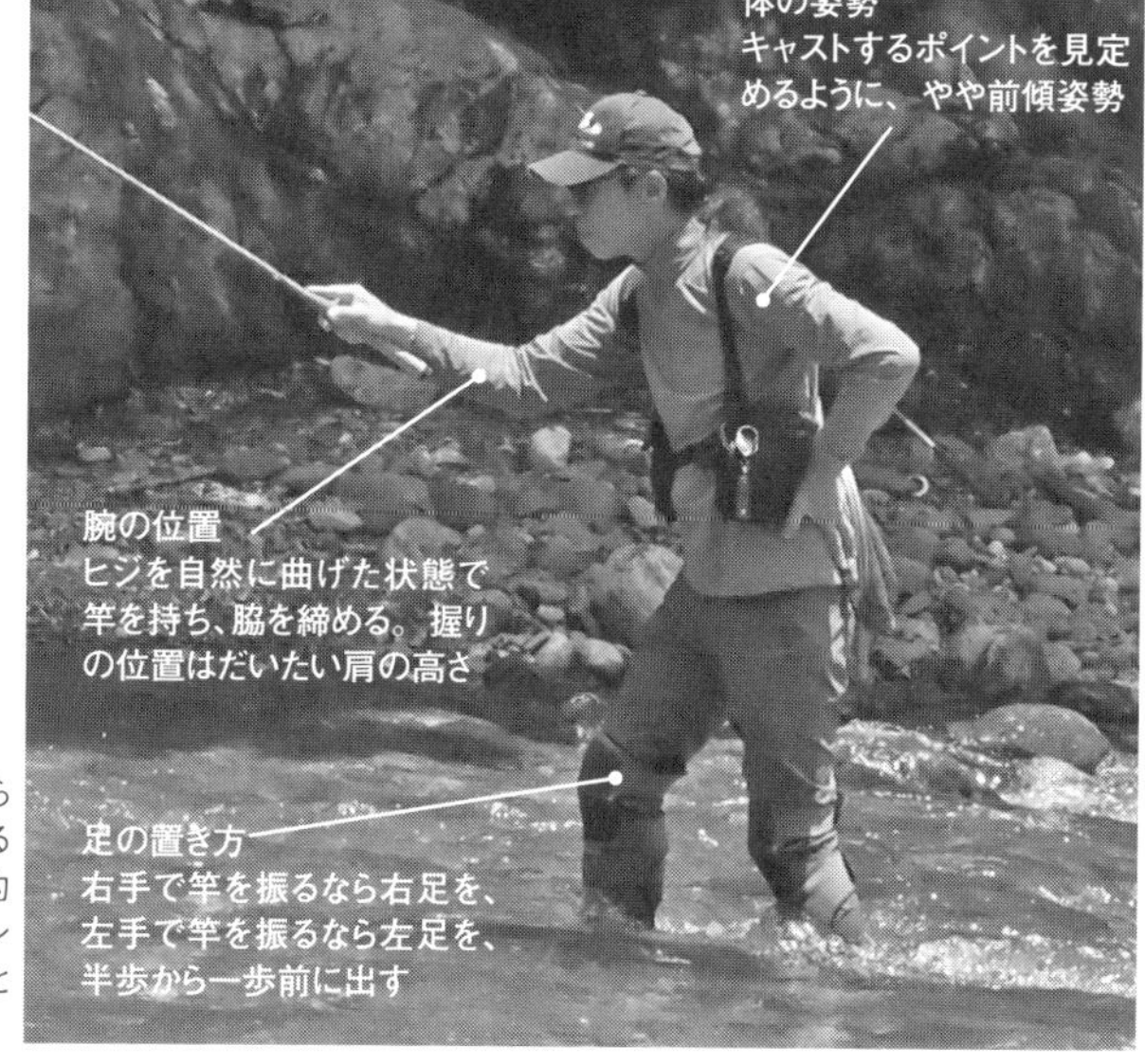

キャスティングの姿勢

絶対にこの姿勢を作らなければならないわけではなく、安定して竿を振ることのできる一例を紹介。実際に釣り場で毛鉤をキャストする際はピンポイントに狙いをつけるため、自然とこのような姿勢になっていく

例をまとめた右上の表を参考に、広い場所でキャスト練習をしてみよう。開けた川で練習できればベターだが、グラウンドなどでもいい。最初が肝心。投げやすい道具で練習すれば上達は驚くほど早い。開けた川や管理釣り場なら、半日もしないうちに、魚を釣ることだってできるだろう。

反対に、バランスの悪い道具を使っていると、なかなか前に毛鉤を送り込めないばかりか、無理に投げようとして変なクセがついてしまう。一度変なクセがつくと、今度はバランスのよい道具を使っても上手く行かなくなってしまう。また、たとえ竿とラインの長さのバランスが取れていても、安価の竿の中には、そもそもテンカラ竿として機能しないようなものもある。それが理由でテンカラ釣りをやめてしまっては、もったいない。上手く行かない場合は、諦めてしまう前に、一度、経験者に竿を見せて、相談してみてほしい。

キャスティングの基本①
振るタイミングを覚える

後ろ振り

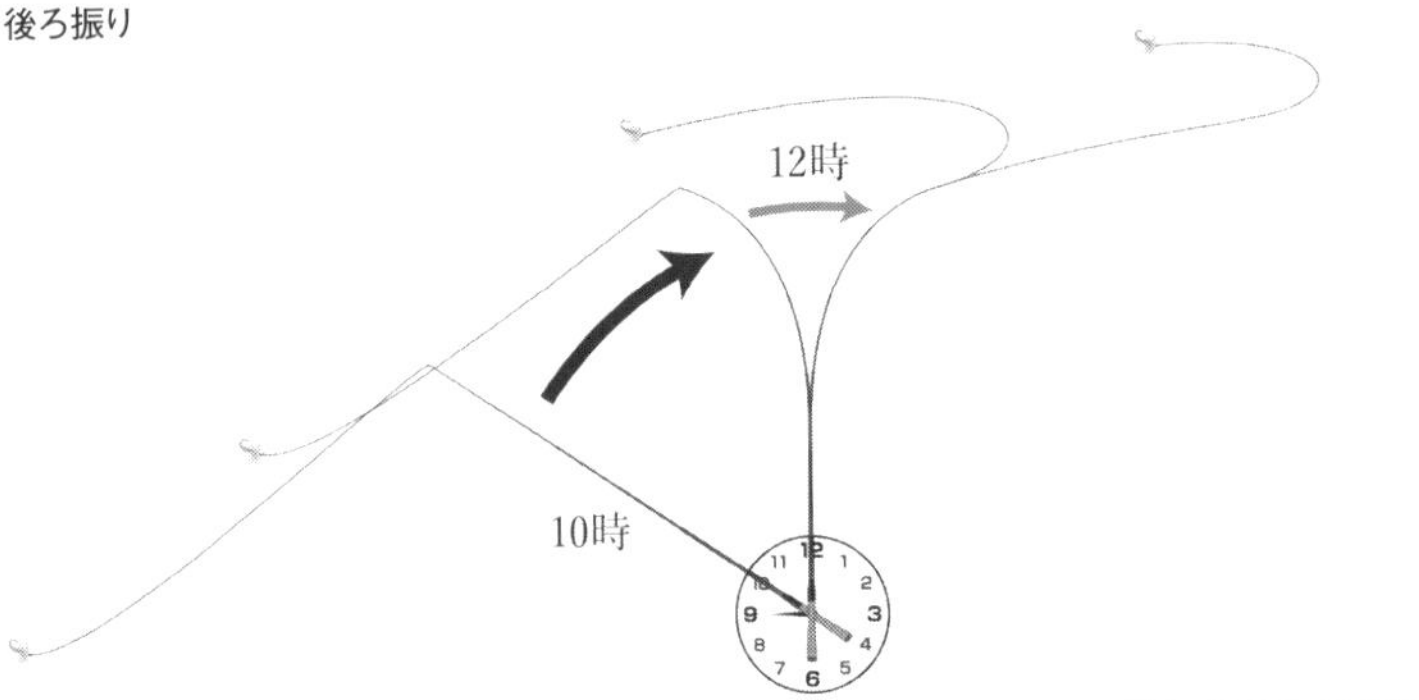

12時

10時

前振り

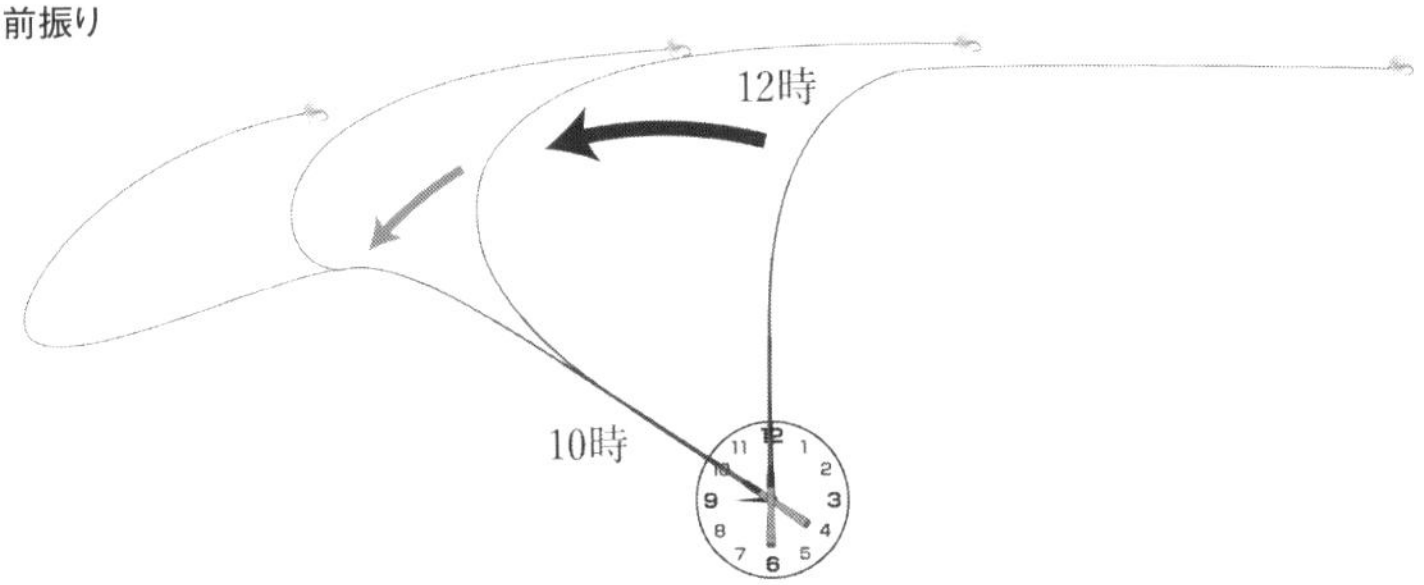

12時

10時

後ろ振りで後方に運んだラインの重さを竿に乗せて前に振り出す

毛鉤を前に飛ばそうとすると、どうしても前への振りを強くしてしまいがちだが、力加減は7:3の割合で後ろ振りを強めるのがコツだ。後ろ振りでしっかりとラインを後方に伸ばすことができれば、その後に軽く前に竿を倒しただけで毛鉤のついたラインは前方に気持ちよく伸びていく。後ろ振りは、10時の角度から振り上げて12時でストップ。ラインが後方に伸びるのを待ってから、再び10時の角度まで前振りしてストップすると、ラインはそのまま前方に伸びていき、毛鉤がふわりと着水する

ラインが毛鉤を運ぶ

テンカラ釣りのキャストは、軽い毛鉤ではなく、重さのあるラインを前方に送り込むことで成り立っている。つまり、ラインに毛鉤を運んでもらうというわけだ。では、ラインを前方に送り込むにはどうするか？　この時どうしても前方に向けて強く竿を振りたくなるが、ラインがしっかりと後ろに伸びていないと、いくら強く竿を振っても飛ばすことはできない。ある意味、最も大切なのは、ラインを後方に伸ばすための後ろ振りとなる。竿を10時の角度から12時の角度まで振り上げて止め、その勢いでラインを一度後方に伸ばし、後ろに伸びたラインの重みを利用して前方へ振り込む。この時、力加減は後ろ振り7に対し、前振りは3ぐらいの感覚。竿を振る角度と力加減、そしてラインが伸び切るまでの「間」を意識することが肝要だ。

キャストの一連

前振り

後ろ振り

④ラインが後方に伸び切るタイミングで前振りを開始。ラインの重みを乗せて竿を軽くしならせる感覚。力はさほど入れなくてもよい

①ラインを後方に運ぶように、10時の角度から12時の角度に向けて勢いよく振り上げる

⑤10時の角度まで振り下ろしたらピタッと止めて、そのまま竿の位置をキープ

②12時の角度でピタッと止める。この「止め」が、テンカラ釣りのキャスティングではとても大切。止める動作を入れることで、竿の反発力を生かすことができる

⑥ラインが遅れて前方に伸びていき、最後に毛鉤がふわりと水面に落ちるのを目で追う

③ラインが後方に伸びていく「間」を空ける。竿の振り上げに遅れて、ラインが後ろに伸びていくので、そのタイムラグを意識することが大切

キャスティングの基本②
振り幅をコンパクトにする

振り幅を縮めてロッドのしなりを利用する

①竿を素早くコンパクトに振り上げる（1時間分ほどの角度で）。②ピタッと止めて、「間」を意識して、ラインを後方に伸ばす。③ラインの重みを感じながら前方に軽くコンパクトに振り下ろす。④ピタッと止めて竿の位置をキープしながら、伸びていくラインと毛鉤を目で追い、着水を確認する

より実践的なキャストは10時から11時と狭い幅で

軽いラインで毛鉤をキャストする時や、特に遠投したい時などは、振り幅をある程度広げたほうがいい場合もあるが、まずはできるだけコンパクトに振る投げ方を覚えよう。

前のページでは10時から12時の2時間分の角度と伝えたが、後ろ振りと前振りの終わりにピタッと竿を止めた際に竿が勢いでしなるため、実際には、さらに大きな振り幅となっていることが多い。

谷が浅く、河原の開けた川ならいいが、スペースの限られる小渓流や木々が覆いかぶさるような場所では、できるだけコンパクトな振りで投げられたほうが有利だ。

特に胴調子で柔らかめの竿を使う場合は、自然と振り幅が広がってしまうもの。そんな時は、手首だけを動かす

ロッドを後方に倒しすぎないように

ロッドを後方いっぱいに倒し、そこから前方への振り幅を広げることで、遠くに飛ぶようにも思えるが、それは間違い。ラインを引く方向が定まらず、後ろに伸ばすことができないばかりかトラブルも招きがち

吉田の教え

手投げのクセをつけないように

前方に力を込めて振り出す「手投げ」のクセが付くと、なかなか直すことができない。力を込めるのは後方への振り上げ（後ろ振り）と心がけて修正しよう。

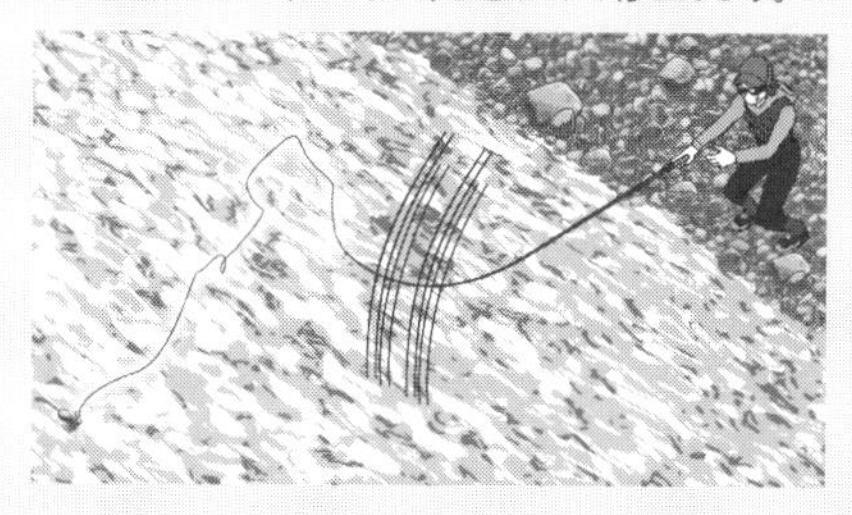

ヒジから上はほとんど動かさない

キャストに慣れてきて振り幅が狭まると、ほとんど手首を動かすだけで投げることもできるようになる。その際、ヒジから上は、ほとんど動かさない

イメージで、素早く10時から11時（1時間分ぐらい）の角度だけコンパクトに振ると、結果としてちょうどよい具合になることを覚えていこう。

振り幅をコンパクトにする際、特に意識したいのは、振った後にしっかりと竿を止めること。竿を止めて竿の反発力を十分に生かすことで、ラインを弾くように送り出すことができる。また、後ろ振りでは、振り上げた竿を止めた際に、ラインが後方に伸びていく「間」を意識することも大切だ。振り幅がコンパクトになればなるほど、この「間」をしっかりと取って投げないと、ラインの重みを生かすことができないので注意。

慣れてきたら、竿尻ぎりぎりを握り、ヒジや肩まで使って大振りして遠投するような投げ方もあるが、それも基本を固めてから。まずは真っ直ぐ上からコンパクトに振るキャスティングを身につけよう。

キャスティングの基本③ 振り筋に角度をつける

ヒジから上の角度を変えるだけ
振り方は頭上で振るオーバーヘッドキャストとまったく同じ。ヒジから上の角度を変えるだけで、サイドハンドキャストからバックハンドキャストまで同様に行うことができる。まずは頭上で前後にラインを振り、振ったまま左右にヒジを倒していくだけだ。あらゆる角度で投げられるように練習しよう

あらゆる角度から投げられるよう練習を

剣道の「面」を打つように、頭の真上に竿を立てて振る「オーバーヘッドキャスト」を覚えたら、少しずつ左右に竿を倒して角度をつけた状態で振る練習をしてみよう。

河原の開けた本流や里川ではオーバーヘッドキャストだけでも十分釣りになるが、森の中を流れる渓流を釣る場合、頭上や横から枝などが張り出していることも多い。前のページで紹介した、コンパクトに振るキャストを勧めるのも、これらの障害物にできるだけ毛鉤を引っ掛けないようにするためだが、渓流の釣りでは、常にキャストスペースを探しながら釣っていくといってもも過言ではない。ポイントを見極め、立ち位置を選びつつ、竿の角度を調節してキャストするスペースを作り出していかねばならないのだ。

角度をつけてカドを狙う

竿を傾けることで、ラインを伸ばす進路を調整することもできる。毛鉤を斜めから送り込むことで石などに当ててから水面の狙った場所に落とす、なんてテクニックもできるようになる

渓流では竿を倒すことも多い

木の下に狙いたい場所がある

真上から投げると枝に引っかかってしまうので、向かって右側に竿を倒し、斜めからの弾道でキャストすることで、木の下に毛鉤を送り込むことができる

吉田の教え

引っかかっても竿で引っ張らない

頭上の枝などに毛鉤が引っかかった場合、竿をあおって外そうとしてはダメ。竿のクッションが効いて上手く外せないばかりか、最悪の場合は、ほかの枝にぶつけたりして穂先が破損してしまうこともある。竿を手元から縮めてラインをつかみ、真下にゆっくり引こう。ラインがつかめない場合も、真下からゆっくりと、竿に角度をつけずに引くようにする。

木の枝に囲まれている

頭上にも足元にも枝。取り囲むように張り出した枝を避けながら少しでも振れる角度を探す。この時は、ほぼ真横から振り幅を最小限にしてキャスト

また、流れに突き出している大きな岩の下や木の根の下などは、イワナの絶好のポイントだが、そこに毛鉤を流したい時、真上からのキャストでは岩や根がじゃまをしてしまう。こんな時、竿を倒して低い弾道で横から毛鉤を滑り込ませるキャストを習得しておけば、障害物の下のポイントを探ることもできるようになる。

このように、左右ともに斜めから、そして真横からの「サイドハンドキャスト」や「バックハンドキャスト」まで身につけておくことで、さまざまな釣り場のポイントに対応することができるようになる。

こう書くと難しく聞こえるかもしれないが、そんなことはない。オーバーヘッドキャストでしっかりラインを前後に伸ばす基本を身につけていれば、あとはそのまま竿を左右に倒していくだけだから、すぐにできるようになる。コツはまったく同じだ。

ロールキャストは役に立つ

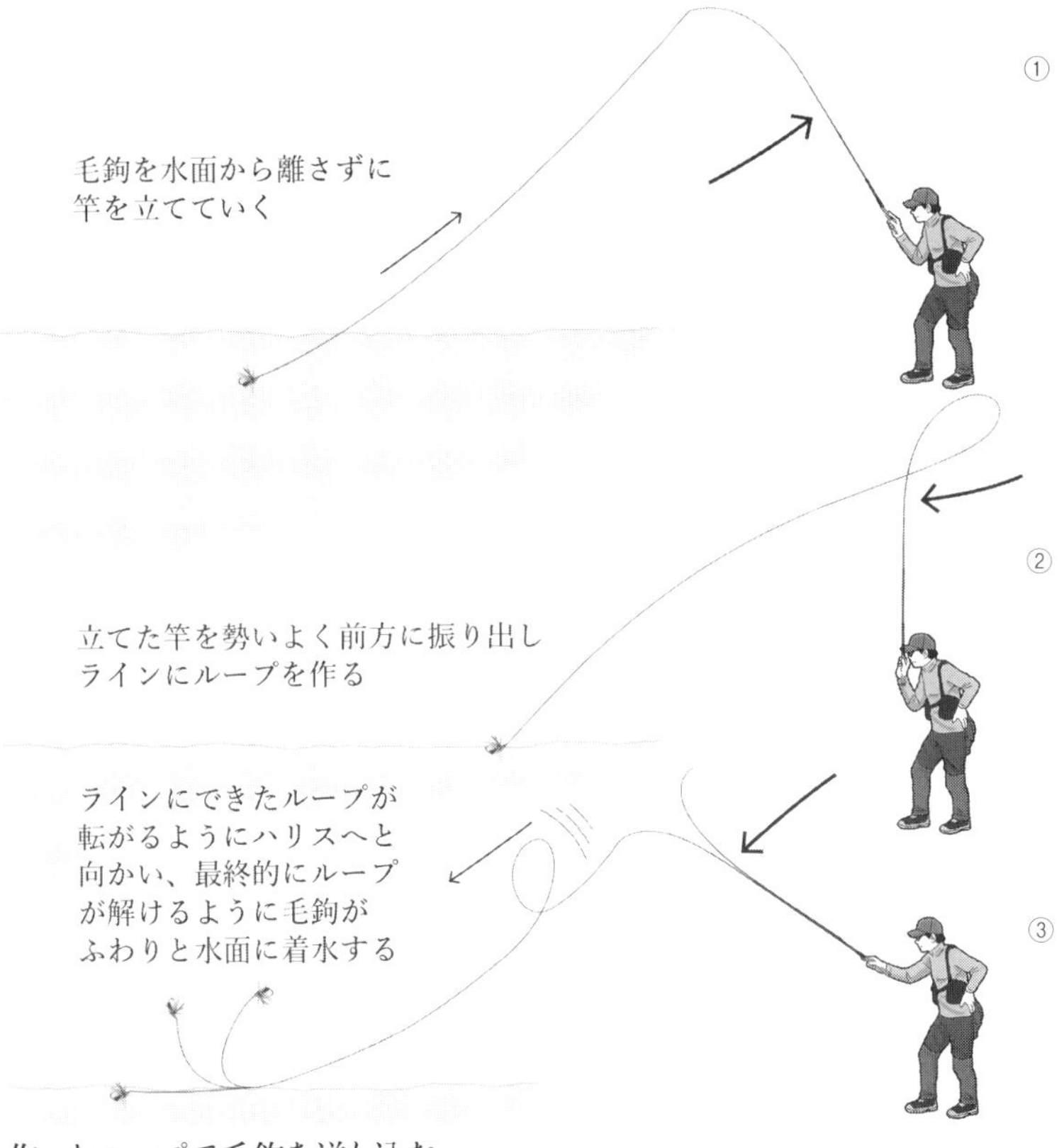

①
毛鉤を水面から離さずに
竿を立てていく

②
立てた竿を勢いよく前方に振り出し
ラインにループを作る

③
ラインにできたループが
転がるようにハリスへと
向かい、最終的にループ
が解けるように毛鉤が
ふわりと水面に着水する

作ったループで毛鉤を送り込む

①竿を11〜12時ぐらいの位置まで持ち上げる。頭上に障害物がある場合は、しゃがんで起点を下げて、竿先が引っかからない範囲で持ち上げる。この際、ラインの一部は水面に浸けておく。②勢いよく竿を前方に振り下ろすことで、ラインにループを作る。③ループが前方に転がることでラインが伸びていき、最後に毛鉤がポトリと水面に落ちる

どこにも竿を振るスペースがなくても毛鉤を飛ばせる便利技

木々の多い茂った小渓流では、どこにも竿を振るスペースがない場所もある。そんな時でも毛鉤を前方に送り込めるのが、ここで紹介するロールキャストだ。水面にラインを置いた状態からキャストするため、魚にラインの存在感を与えてしまうことにはなるが、簡単にできて、重宝することも多い。

縄跳びの縄をヘビや波のように動かして遊んだことはないだろうか。原理はそれに近い。ラインを水面に着けたまま竿をある程度（11〜12時ぐらい）まで持ち上げたところで、勢いよく竿先を前に振り下ろす。するとラインにループ（輪っか）ができて、そのループが伝達する波のように前方に転がっていく（ロールする）ことで、毛鉤を送り込むことができる。

この際、ラインを水面に着けすぎて

時に竿の胴を持つことも

ロールキャストに限らないが、スペースが狭い時は、胴を持つことで竿を短く使うこともできる。反対に竿尻を持てば竿を長く使える。竿は同じ場所を握らなければならないわけではない。臨機応変に工夫しよう

前しか空いていない場所で

キャストする前方しかスペースが空いていない場所でも、ロールキャストなら毛鉤を送ることができる。身を低くして余計な警戒を魚に与えないように

吉田の教え

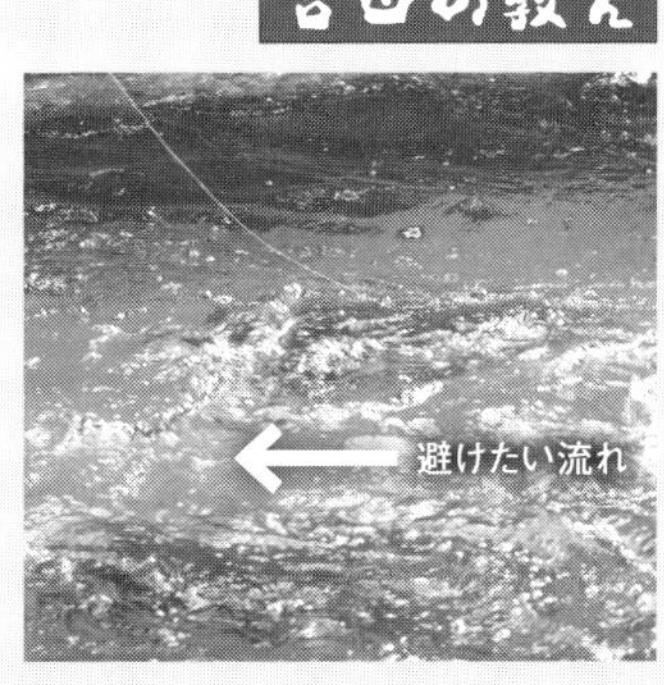

ラインを水に浸けてはダメ?

「メインラインを水に着けてはダメ」という人もいるが、そんなことはない。ラインが魚を警戒させるのは事実だが、毛鉤を沈ませたければラインを着けたほうがいい。また、右写真のように手前にある流れを避けて釣る場合、ラインを着水させないと、毛鉤やハリスが手前に寄ってきてしまう。毛鉤を流れの向こう側に止めるためには、ラインを着水させる必要があるのだ。

いると、上手くループが作れない。反対にラインが水面から離れてしまうとハリスや毛鉤が空中に浮きすぎてしまい、周囲の障害物に引っかかってしまいやすくなる。水面に浸けておくラインの長さによって、上手くループを作れるかどうかが決まってくるので、投げながら調整していこう。

また、持ち上げた竿を振り下ろす際のスピードも重要だ。遅すぎるとループが前方に転がっていかないし、早すぎると上手くループが作れない。ラインを着けている水の流れ方や、ラインの重さも関係してくるので、これも場所ごとに調節が必要だ。

ロールキャストはラインの重さと水面の抵抗を利用した投げ方なので、竿に左右の角度をつけると途端に難しくなってしまうので注意しよう。

また、通常のキャスト以上に接近戦となるため、できるだけ身を低くしてキャストする意識を持つように。

普通毛鉤の流し方

流れる毛鉤をラインやハリスの入水点で把握
毛鉤は水中に沈んでしまうため、位置を把握する目安は水面に接するラインの入水点付近（点線の丸囲み）。目で追い続け、自分の毛鉤が今どこを流れているのかをしっかりと認識することが大切だ

色付きラインは結構見やすい
色付きのメインラインは、思っている以上に見やすい。目で追うのはそこまで難しくはない。ここの動きで魚からのアタリをはじめ、さまざまな情報を読み取ることができる

上手く狙った場所を流せているか？
ラインの入水点付近（点線の丸囲み）を目で追うことで、自分が狙ったコースに毛鉤がちゃんと流れているかどうかを知ることができる

流している毛鉤の位置を常に把握することが大切

いざ、毛鉤を流そうとしても、なかなかどこに投げていいのかわからないかもしれない。まずはどこでもいい、川に向かってキャストして、流れに毛鉤を乗せてみよう。この時、意識したいのは、できるだけ毛鉤がどこに落ちたのか、そしてどこを流れているのかを目で追って把握することだ。とはいえ毛鉤自体は水面に浮くドライフライでもない限り、水中に沈んですぐに見えなくなってしまう。そこで見るべきは、ラインの入水点となる。太く色のついたラインは見やすいので、これを目安に、おおよその毛鉤の位置を把握する、というわけだ。つまりキャストした後の視線は、常にラインの入水点近くに集めておく。普通毛鉤は多くの場合、沈んでも水面から20㎝ぐらいまでの表層を流れている。

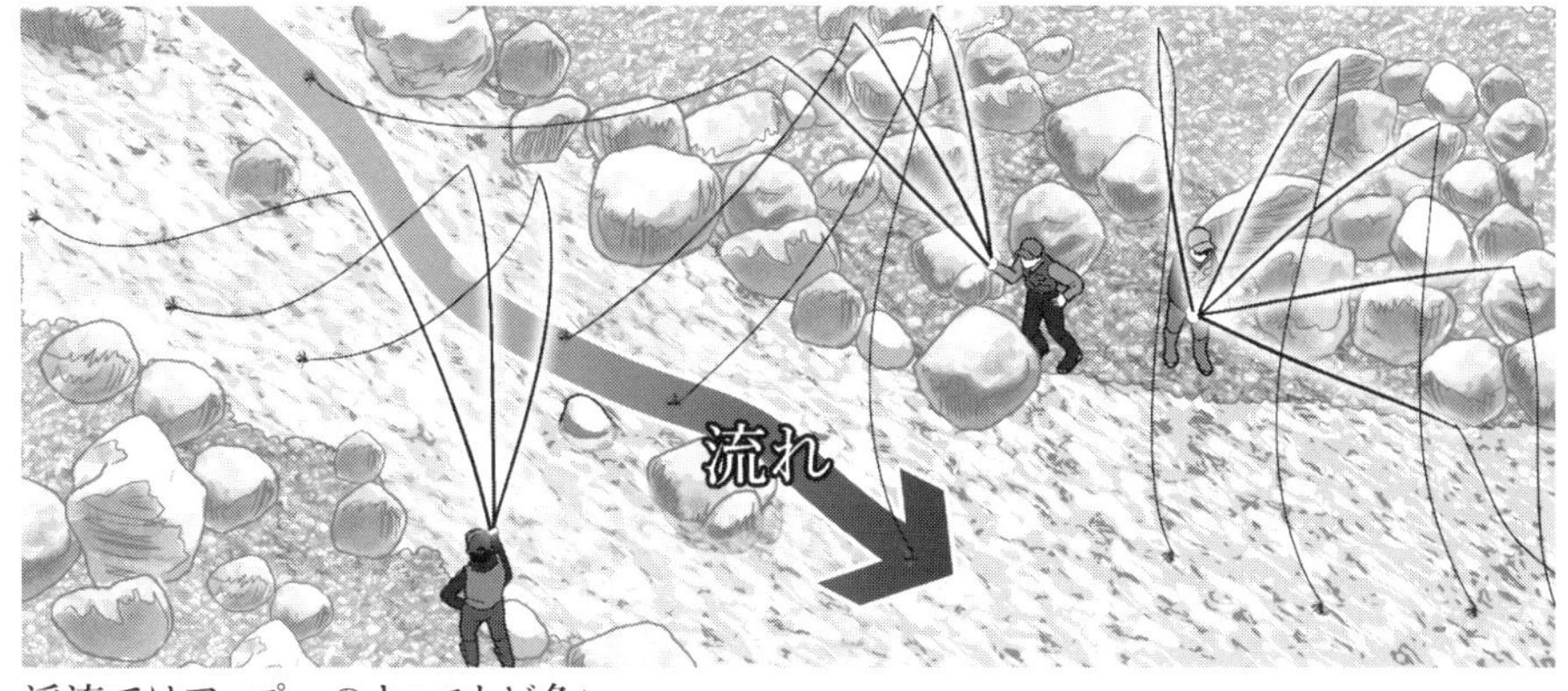

渓流ではアップへのキャストが多い

川幅が狭く、釣り上がる渓流では、テンポよくアップ（上流側）にキャストしていくと効率がいい。特に階段状の急な流れでは、毛鉤を流すというよりも、次々とポイントに投げ入れて「置いていく」イメージだ。もちろんダウン（下流側）へのキャストだからこそ流せるポイントもあるので、そんな時は積極的に下流側に流すことも試してみよう

吉田の教え

気になるポイントは入るまで通す

テンカラ釣りの場合、表層を小さい毛鉤が流れるだけなので、何度か同じ場所に投げても魚に与える影響は少ない。入り組んだポイントでは、少しコースがズレるだけで魚の視界に入らないこともある。気になったここぞ！というポイント（写真では★印）は、狙い通りに流せるまで何度でもチャレンジしてみよう。

ポイントの上流側にキャスト

魚が流れてくる虫を待ち構えているであろうピンスポットを想定し、そこに毛鉤が流れるように逆算してキャスト。川の流れは複雑で、常に上流側から下流側に流れているとは限らない。流れ方を読むのもテンカラ釣りの楽しみのひとつだ

慣れるまでは自分の立ち位置よりも少し上流側に向かってキャストして、毛鉤が目の前を通るように流し、下流側でラインが引っ張られたらピックアップ、といった感じに、毛鉤が流れに乗って、どのぐらいの速さで流れるのかを覚えていくとよいだろう。

テンカラ釣りには竿先で毛鉤を動かして誘う釣りもあるが、まずはできるだけ不自然な動きを与えずに流せるように練習しよう。竿を立てるとそれだけラインが水面から離れるが、立てすぎてしまうと毛鉤を引っ張ってしまうので、ラインが適度にたるんだ状態をキープしながら流してくるのがコツだ。

少し慣れてきたら、魚がどこにいるのかを想像して、そこを通るように毛鉤を流してみよう。渓流魚は流れの中に定位して、流れてくる虫を待っている。そんな魚たちに見つけてもらえるよう、また違和感を抱かれないように流すことを心がけていきたい。

沈む毛鉤の流し方

アップストリームキャストが沈ませやすい

毛鉤を沈ませるには、自分の立ち位置よりも上流側にキャストして毛鉤を流してくるアップストリームキャストが向いている。立ち位置よりも下流側に投げるダウンストリームキャストだと、ラインが流れを受けて毛鉤が浮き上がってしまいやすい。また、流されながら沈んでいくので、そのタイムラグを逆算して、狙いたい場所に毛鉤を届けられるようなキャストポイントを選びたい

しっかりラインを付ける

いくら毛鉤が沈もうとしても、ラインが入っていかなければ沈まない。沈む毛鉤を使う際は、気持ちラインを水面に多くつけるように竿の高さを調節しよう

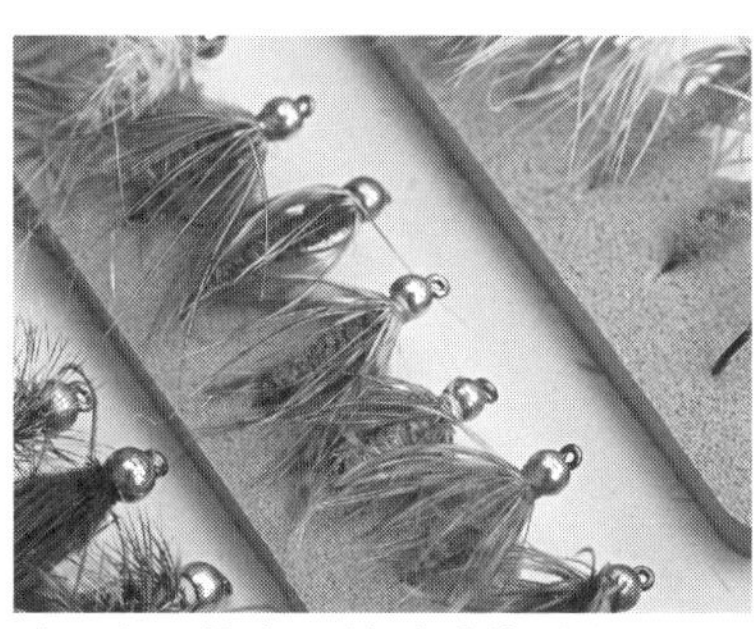

流し方の基本は普通毛鉤と同じ

簡単に言えば、違うのはウエイト付きの毛鉤を使うだけ。普通毛鉤と同じような感覚で釣れば、一段下の層を流すことができる

毛鉤を沈ませるだけで反応する魚は想像以上に多い

かつてのテンカラ釣りは、普通毛鉤や逆さ毛鉤を用いた表層の釣りだった。現在でもそのように教えている教書やセミナーは多い。いわく「表層で釣れる魚だけをテンポよく釣っていくのがテンカラ釣りである」というわけだ。もしくは「テンカラ釣りは夏の釣り」と限定してしまっていることもある。実際、表層の毛鉤に反応がよくなるのは初夏から夏にかけてで、特にまだ水温の低い早春は、底にじっとしていて、なかなか表層の毛鉤には出てこないことが多いもの。早春以外にも、急に水温が低下したタイミングや、先行者が釣った後、スレている釣り場など、表層の毛鉤に出てこないケースはままあるものだ。

こんな状況を「テンカラ釣りでは釣れない」と、諦めてしまうのはもった

沈む毛鉤が有効なシチュエーション

堰堤の真下

白泡立った堰堤の真下は深くなっていることが多く、そこには多くの魚がいる。思わぬ大物が潜んでいることもある。表層を流して反応がなければ、ぜひ沈む毛鉤も試してみたい

早春の渓

まだ水温の低い早春の渓流は、魚が底近くにいるため、表層を流れる毛鉤に出てきづらい。沈む毛鉤で少しでも流す層を下げるだけで、驚くほど反応してくれることが多い

深い淵

水深がある淵では、岩の下や岸際のえぐれの下に魚が潜んでいることも多い。表層を流しても魚の視界に入れられなかった毛鉤を、沈ませることで気づかせることができる

強く早い流れ

強く早い流れの下は、普通毛鉤ではなかなか攻めにくい。また、流す速度を落とすという意味でも沈む毛鉤は有効だ。このような流れは先行者の竿抜け（釣り残した場所）にもなりやすい

いない。毛鉤を沈ませれば釣れるのだから。

普通毛鉤や逆さ毛鉤でも、「女波（めなみ）」という水中に引き込む波を見つけることができれば、そこに毛鉤を投じて、深い層にまで毛鉤を送り込むことができる。だが、それをするには、かなりの熟練が必要だ。ならば毛鉤に頼ってしまおう、というのが本書の考え。チモトにビーズヘッドを付けた毛鉤など、ウエイトのある沈む毛鉤を使うことで、誰にでも簡単に毛鉤を沈めて流すことができる。

流し方の基本は、前ページで紹介した、普通毛鉤の流し方と変わらない。比重が高く沈みやすいフロロカーボンのハリスを用い、ラインをしっかりと水面に付けて流すことで、自然と水面下30cm前後を流すことができる。

沈む毛鉤を使うことで釣れる魚は想像以上に多い。釣るためのテンカラ釣りを目指す人は、取り入れてほしい。

毛鉤の誘い方

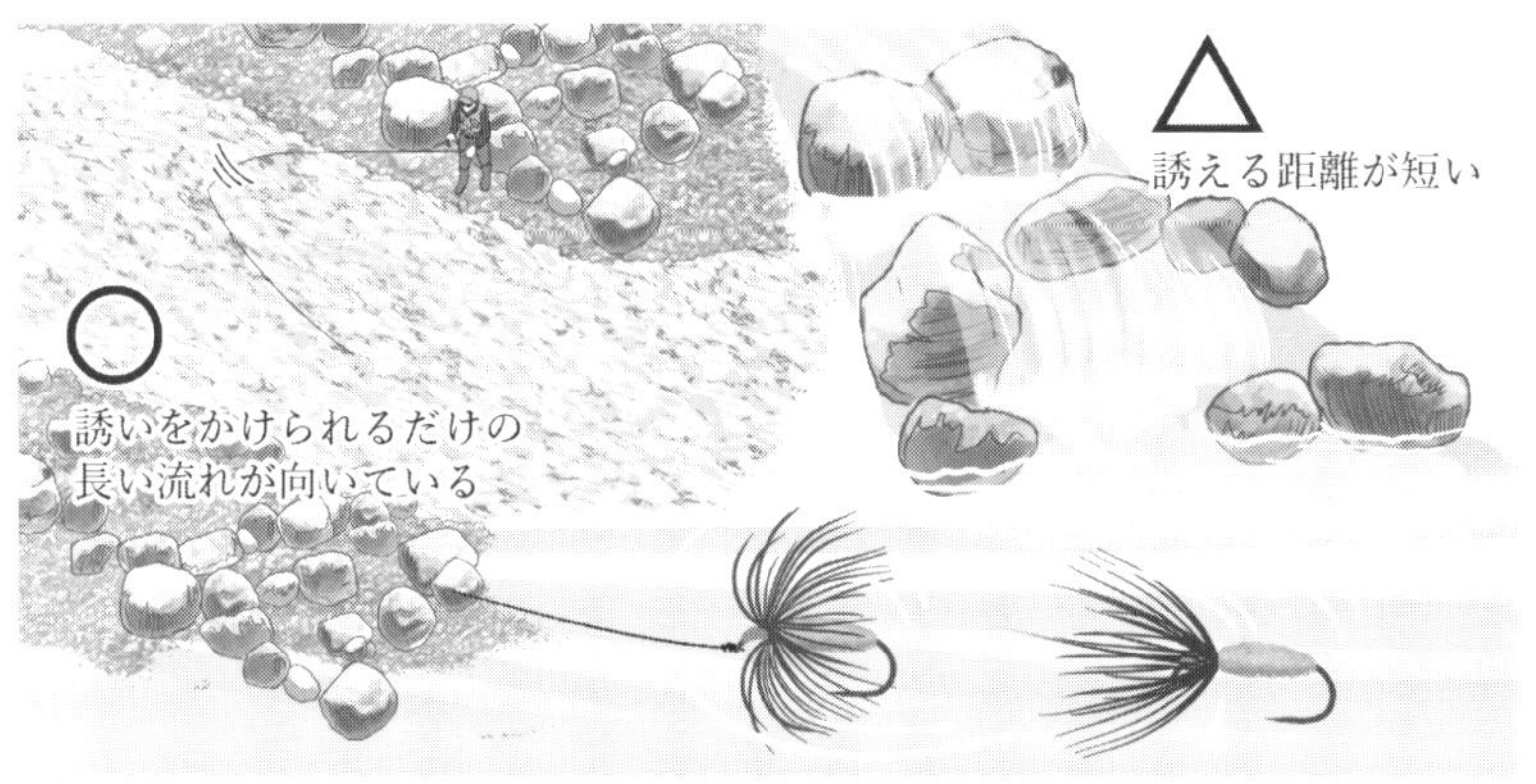

誘いの釣りに適した条件と毛鉤

ある程度、流せる距離のあるポイントこそ、誘いの釣りの効果を発揮できる。また、誘いによって蓑毛が開閉しやすい逆さ毛鉤が向いている。逆さ毛鉤の釣りが関東よりも関西で発展したのは、比較的勾配がなだらかで、流す距離を長く取れる川が多いからだろう。また、人の多い釣り場では特に効果的であることも覚えておこう。ただ毛鉤を流しただけでは釣れなかった魚を釣ることができるぞ

竿尻を持つほど穂先はブレる

竿尻を持ったほうが穂先はブレやすくなる。この状態で、手首を動かすのではなく、強弱強弱……と握りの強さを連続的に細かく変えることで、竿先がブレる。ブレが大きすぎる場合は握りの位置を前方にシフトして調整

竿先を動かすのは竿任せに

穂先を細かく動かすことで毛鉤に動きを与える。この際、自分で竿を動かそうとするのではなく、握る力に強弱を入れることで、穂先が勝手にブレるようにするのがコツだ。竿は長くて胴調子の柔らかい竿が向いている

毛鉤を流しても反応しなかった魚の食い気にスイッチを入れる

毛鉤を流しても反応しなかった魚が、竿先で動かして誘いをかけることで、とたんに反応する。これはさほど珍しいことではない。特に釣り人が多くスレた釣り場であればあるほど、毛鉤に動きを加えて誘うことで反応するケースは多い。

使うのは主に逆さ毛鉤だ。逆さに巻かれた蓑毛が、アクションを加えることで開いたり閉じたりすることで、誘いの効果を高める。また、蓑毛がアンカーの役割を果たすことで、アクションを加えても毛鉤が一気に移動してしまうことがなく、より細やかな誘いをかけられるという利点もある。

誘いの釣りに適しているのは、ある程度、毛鉤を流す距離を取れるポイントだ。逆に急勾配で階段状になったポイントでは、誘う間もなく毛鉤が流さ

誘いの釣りの一連を紹介

①岩の影に潜んでいる魚を誘い出すため、上流側にキャスト。②握りの強弱で細やかな誘いを毛鉤に加えながら、影が作る明暗を流していく。③下流まで流すとラインに引っ張られて毛鉤が浮き上がる。このタイミングで食ってくることも多いので最後までしっかり誘いきる。④完全に下流側に流れた毛鉤を上流に向かって逆引きで誘う。この際、竿を寝かせていることに注目。竿を立てると毛鉤が水面を滑ってしまうため、少しでもラインを水面に着けて誘う

アタリは手元にコンッとくる

定期的にラインテンションを張ることになる誘いの釣りでは、手元にコンッと明確なアタリが出るのが特徴。毛鉤やラインの入水点が見えにくいポイントでも、アタリを取りやすいぶん釣りが簡単になるとも言える。

れてしまうため、誘いの効果は少ないと言えるだろう。

誘い方は大きく2つに分けられる。ひとつは流しながら誘う方法。普通毛鉤同様に流しながら、竿先を動かして、できるだけ細やかやかな動きを毛鉤に与えるのがコツだ。ツンツンと竿先を動かすというよりも、竿を握っている手をゆるめたり強めたりして、竿先に幅の狭いブレを生じさせ、その動きで誘うといったイメージだ。

もうひとつは下流側から上流へと誘い上げていく方法で、逆引きとも呼ばれる。ルアーフィッシングにも近い感覚で、ある程度ツンツンとトリッキーなアクションを毛鉤に加えてやることで、流す釣りに無反応だった魚にスイッチを入れられることがある。いわゆるリアクションバイトを誘う感覚だ。管理釣り場や先行者が釣った後など、スレた釣り場で絶大な効果を発揮することがあるので、覚えておこう。

アタリとアワセ

②ラインを引き込むアタリ
④ラインがたるむアタリ
①ラインの入水点が動くアタリ
③流れていたラインが止まるアタリ

浮く毛鉤は一呼吸置いてから
ドライフライなど水面に浮く毛鉤の場合、魚が食べに出てくる様子を目で確認することができる。ただ、写真のような水面を割った瞬間にアワセてしまうとスッポ抜けてしまうことも多い。一呼吸置いてアワセるのがセオリーだ

アタリの出方は様々だ
水中の魚がどのように毛鉤に食いついたのかによって、ラインへのアタリの出方は様々（左上写真）。慣れないうちは、違和感を感じた時点でとりあえずアワセを入れてみるのが上達への近道。答え合わせをして、少しずつアタリのパターンを覚えていこう

毛鉤はニセモノ。気づけばすぐに魚は吐き出してしまう

テンカラ釣りは、毛鉤をエサに見立てて魚を騙す釣りだ。ニセモノのエサでも魚は釣れる。ならば、エサ釣りだって、わざわざ頻繁にエサを付け替える必要はなく、毛鉤を付けておけばいいではないか、と考えたくもなるだろう。毛鉤と本物のエサとの大きな違いはなにか？ それは、エサには匂いと味があることだ。

魚に嗅覚や味覚があることは、科学的に立証されている。だが、エサを川の流れに乗せて釣る渓流釣りの場合、匂いや味が、魚が食いつくために効果的であるとは考えづらい。エサから滲み出した匂いや味は、すぐに流されてしまうのではないか。

大きく違うのは、魚がエサや毛鉤を食べた後だ。そこで魚はエサの味や匂い、さらには食感も感じるだろう。一

これぐらい竿を動かす

実際にアワセを決めたシーン。ストロークを十分にとってアワセを入れる。ラインがピンと張っていることにも注目。ラインがたるんでいては、魚の口に毛鉤は刺さっていないと考えていい

アワセしろを意識しよう

このぐらいの竿の高さからなら、右上のように大きく肩とヒジを使ってアワせることができるが、アワせる前の時点で竿先が上がっている時は、アワセしろを意識して、体を回転させながらストロークを確保する

肩とヒジを使って幅の広いアワセを入れる

やり取りの途中で毛鉤が外れてしまう人は、アワセの幅が足りていないことが多い。特に胴調子気味の竿を使っている場合、手首を返してアワせたぐらいでは、竿が曲がるだけで少しもラインを引っ張っていないこともある。アタリを感じたら、少し大げさかなと思うぐらいにヒジと肩を使って大きくアワせよう。体を開いてでもアワセ幅を確保することが大切なのだ

吉田の教え

竿の調子でアワセを変える

竿の硬さや調子によって、同じアワセの動作をしていても、ハリ先に伝わる力は変わる。柔らかい竿や胴調子の竿ほど、ストロークの長い、大きなアワセを入れる必要があるのだ。

方、ニセモノである毛鉤はすぐに気づかれてしまう。事実、エサ釣りとテンカラ釣りで最も違うのは、魚が食べてから吐き出すまでの時間なのである。

魚が毛鉤に食いつくと、手元にコンッと手応えがきたり、ラインの入水点が動いたりする。このような魚からの合図をアタリという。

エサに比べて素早く吐き出されてしまう毛鉤で魚を釣るためには、アタリを感じたら、瞬時に竿をあおって、ハリを魚の口にかけなければならない。この動作をアワセという。

アワセが上手くいかないと、魚がかかっても暴れている間に外れてしまいやすい。これはしっかりとハリがかり（フッキング）が決まっておらず、ハリ先しか刺さっていないためだ。多くの場合、アワセが上手くいかないのはストロークが足りないためである。

ここではアタリの種類と、正しいアワセの方法を紹介しよう。

やり取りと取り込み

竿の能力をフルに引き出す

しっかりと竿を立てて、竿のクッションを利用したやり取りを心がけたい。ラインを決してたるませないように。特にバーブレスフックを使っている時はラインがたるまないように注意しよう

バラシの原因 TOP5

- ラインをたるませてしまう
- 竿を寝かせてしまう
- ラインチェックが甘く切れてしまう
- 取り込み時の瞬間に外れてしまう
- 強い流れに乗せて走られてしまう

腕も竿の一部となる

腕を伸ばすことで、竿の一部として機能させることができる。竿は長ければ長いほどクッション性が増すので、できるだけ長く使ったほうが有利にやり取りを進めることができる

竿を曲げてラインをたるませない。慌てず竿の力で寄せてくる

アワセが決まったら、魚とのやり取りが始まる。ドキドキの瞬間だ。この時、最も気をつけなければならないのは、しっかり竿を立てることと、ラインをたるませないことだ。

細いラインでも切られずに魚を寄せることができるのは、なによりも竿が曲がることによるクッションのおかげ。基本的に釣り人にできることは、竿の仕事を最大限に引き出すこと。しっかりと竿を立てて曲げ込むことで、魚の引きを受け止めて、寄せてくることができる。

また、竿が曲がっているということは、ラインがピンと張っているということだ。やり取りの途中で魚が外れてしまうことを「バラシ」というが、バラシの主な原因は、ラインがたるんでしまうことにある。ぐいぐいと引っ張

ラインが長い場合は、一度ラインをつかんでから取り込む

竿よりもラインが長かったり竿が柔らかかったりすると、なかなか魚が寄ってこない。そんな時の手順を紹介。①ラインを寄せる。②寄せてきたラインをつかむ。③長さを調節して、竿を握る手でつかんでおく（この際、魚は空中にぶら下げず、水の中で泳がせておく）。④竿とラインを握る手でネットに誘導して取り込む

構えたタモ網に落ち着いて誘導

浅瀬で構えたタモ網（ランディングネット）に魚を誘導する。ラインが長いと手元まで寄ってこないので、そんな時はラインをつかむ方法（左に紹介）に切り替えよう

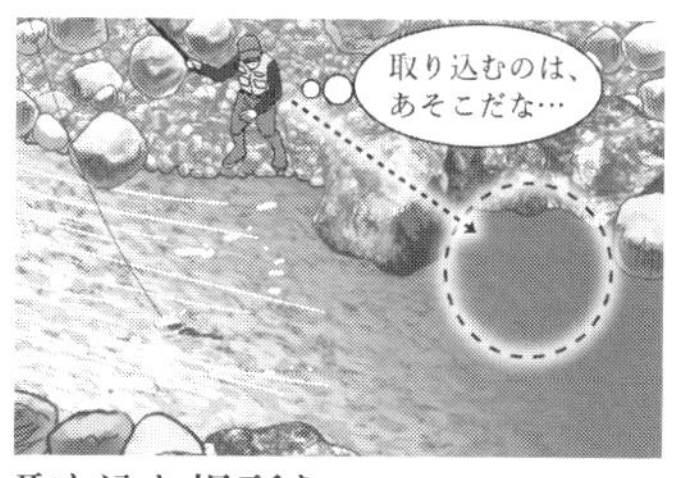

取り込む場所をあらかじめ決めておく

特に急流を釣っている際には、かけた魚をどこで取り込むか、あらかじめ決めておこう。ポイントの下流側にある流れのたるんだ浅瀬が誘導しやすい

って魚を急いで寄せようとする必要はない。慌てず竿を立てて曲げた状態をキープしよう。

やり取りの末に、魚を取り込む際は、タモ網を構えて、そこに魚を頭から誘導する。タモ網で魚を追いかけてしまうと不用意に暴れさせてしまい、最後の最後でバラしてしまう原因にもなるので注意しよう。

竿に比べてラインが長い場合は、ラインを一度つかんでから、たぐるようにタモ網に取り込もう。流れの緩い浅瀬があれば、そこに一度誘導してから落ち着いてタモ網ですくうのも手だ。

慣れてくると、毛鉤をキャストする前に、魚をかけた後、どのようにやり取りをするか、そしてどこでどのように取り込むかまで想定できるようになる。特に大型狙いの場合は、あらかじめ頭の中でリハーサルしておくことで、落ち着いてやり取りすることができるはずだ。

キャッチアンドリリース

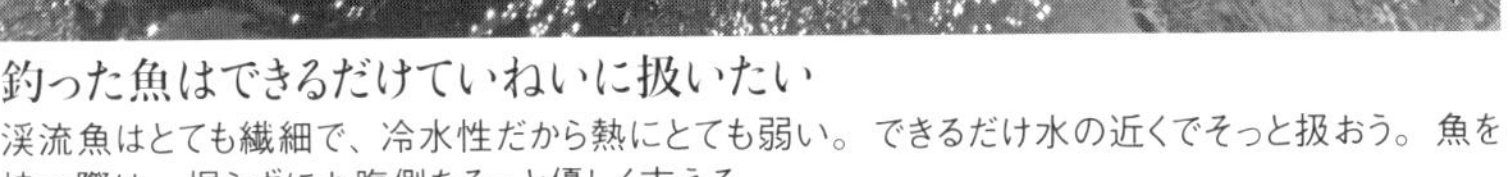

釣った魚はできるだけていねいに扱いたい
渓流魚はとても繊細で、冷水性だから熱にとても弱い。できるだけ水の近くでそっと扱おう。魚を持つ際は、握らずにお腹側をそっと優しく支える

渓流魚は冷水性。触る時は手を十分に水で冷やしてから

釣った魚を食べることもまた、テンカラ釣りの楽しみのひとつ。だが、釣った魚を元の川に放す「キャッチアンドリリース」をするのなら、釣った魚はできるだけ弱らせずにていねいに扱いたいものだ。冷水魚である渓流魚は、人間の体温でもヤケドするとまで言われている。触る前には、一度水に手を浸して十分に冷やすことを心がけよう。口の奥にかかってしまった毛鉤もフォーセップを使えば取りやすい。また、釣った魚を撮影する際は、水に浸した状態で落ち着かせてから、できるだけ短時間で済ませるようにしよう。間違っても熱くなったコンクリートや石の上などには置かないように注意したい。

魚持ちの写真を撮る際は、十分に冷やした手でそっとお腹に手を添えて水面近くで撮影しよう。ぎゅっと握って

食べているものを調べるには

ストマックポンプ（上）を用いることで、魚の胃内容物（下）を調べることができる。魚を水に浸した状態で行おう

撮影は水に浸した状態で行う

魚は常に水に浸けた状態にしておきたい。写真のようにタモ網の上で撮影する際も、浅瀬で水に浸した状態で行う。網目の細かいラバーコーティングされたネットは魚へのダメージが少ないのでおすすめだ。また、胸ビレの近くにあるエラブタの中には赤いエラが収まっている。エラを傷つけてしまうと致命傷になるので、特に扱いに注意しよう。間違ってもエラブタから指を入れて持ったりしないように

吉田の教え

毛鉤を飲み込んでしまった時は？

毛鉤を飲み込まれてしまった時も、先の細いフォーセップが活躍する。毛鉤を先端で挟み、刺さっている方向と逆側にひねれば簡単に外れることが多い。うまく外せそうになければ無理しない。無理やり外そうとしてエラを傷つけると出血多量で魚が死んでしまう。その場合は毛鉤を付けたままハリスを短く切りリリースしたほうがよい。

ハリを外すにはフォーセップが便利

先の細いフォーセップがあると、口の奥にかかってしまった毛鉤も外しやすい。ハリの軸の部分をしっかりと挟んで、方向を見定めてから外す

しまうと暴れてしまうばかりか、弱らせてしまう。「どうせリリースするのだから」と考え、逃げてもいいぐらいの気持ちで撮影したいものだ。

「ストマックポンプ」というスポイトに似た器具を使えば、殺さずに釣った魚が何を食べているのかを調べることもできる。水を口から送り込み、水と一緒にシャーレなどに胃内容物を吐き出させて調べることで、毛鉤選びのヒントが得られる。

水から上げている時間は短ければ短いほどよいが、ひとつの目安となるのは目だ。通常、横に寝かすと渓流魚の目は下側を向くものだが、酸欠になってくると白目が目立ち、死んだ魚の目のようになってくる。こうなる前に流れに戻してやろう。特に夏場は、魚の弱りが早いので要注意。

リリースは、上流側に頭を向けた状態で軽く手を添えたまま流れに浸し、自分から泳ぎ出すのを待とう。

教え上手・教わり上手になる

同じ場所で経験者に教えてもらうのが、一番の近道。教えるほうは、あまり自分のスタイルを押し付けることなく、相手の「Why」に答えるレクチャーを心がけたい

　私の教室にご参加いただいた方のなかには、ちょっとテンカラ釣りをかじったような、あまりテンカラ釣りについて研究や検証をしていない人に教えを請い、テキトーなことを教えられて上手くいかず、堂々巡りになってしまった経験のある方が何人（何十人）もいる。これは教える側に問題があるのだが、そもそもテンカラ釣りを徹底的に研究している人が少ないこともあり、教える人も育っていない現状がある。

　ではどうすればよいか。教わる人は教える人に、答え（What）だけを求めるのではなく『何ゆえにそうなのか（Why）』を聞き、納得できる答えが返ってきた人の話だけを信じるようにすればいい。

　テンカラ釣りの教え上手になりたければ、ひとつのやり方にこだわるだけでなく、テンカラ釣りに必要な様々な種類の着地点に向かう、数多くの筋道を示せるようにしておかねばならない。ありとあらゆる種類の毛鉤を使い、色々なラインも使ってみる。数時間歩いて入る大源流の釣りから、一般渓流に里川、管理釣り場の魚にも対応できる、体力や技術や知識も習得しておかないとならない。テンカラ釣りは百人百様、釣り場もターゲットも人それぞれ。教えを乞う人の要望に答え、理解を深めてもらうためには、可能な限り広く多くの知識を集め、その後検証を繰り返し、より深いところまで進んでいくべきだ。かくいう私も日々検証を繰り返し、研鑽を積んでいる。

（吉田 孝）

第5章

テンカラ釣りのポイントと釣り方

この章では川の構造と名称、そして様々なタイプのポイントを紹介する。いかにしてポイントを見極め、どのようにアプローチして毛鉤(けばり)を流し、釣ったらよいのかを、わかりやすく手ほどきしていこう。

ポイントの名称

堰堤下
深く掘れていれば好ポイントに。下流から上ってきた魚が溜まる場所
岩盤
淵尻
ヒラキ
落ち込み
白泡の下や、その左右の巻き返しが狙い目
早瀬
白波立った早い流れ。あまりに早い流れだと毛鉤は不向き。瀬脇と呼ばれる白泡立った流心の左右が狙い目
淵
大きなものはプール、小さなものはツボとも呼ばれる。サイズも数も狙えるポイントだが、多くの釣り人に狙われるため、魚はスレがち
反転流(巻き返し)
強い流れの両脇にある反対側に巻き返す流れ。流れてきた虫などが溜まりやすい

川の流れは一様ではない。構造からポイントを理解する

川の基本構造は、ざっくり言うと、深く流れの緩やかな淵と、浅く流れの早い瀬の連続だ。勾配がきつい上流ほど瀬と淵は連続して現れ、瀬は少しずつ短くなっていき、淵が階段状に連続するようになる。淵から淵へと水が落ち込む所を落ち込み、落ち込む手前の部分は肩と呼ぶ。淵に溜まった水は肩から落ち込みへと白泡を立てながら落ち、そこでまた淵に溜まる。

淵と瀬が交互に現れる区間では、淵は主に川の蛇行部に作られることが多い。川は曲がるたびに外側が深く掘れていき、そこが淵となる。淵は少しずつ浅くなり、ヒラキと呼ばれるフラット部、そして緩やかな肩（淵尻とも呼ばれる）を経て、浅い瀬へと移行する。ヒラキが長く続く場所は、とろとろと流れるためかトロ場とも呼ばれている。

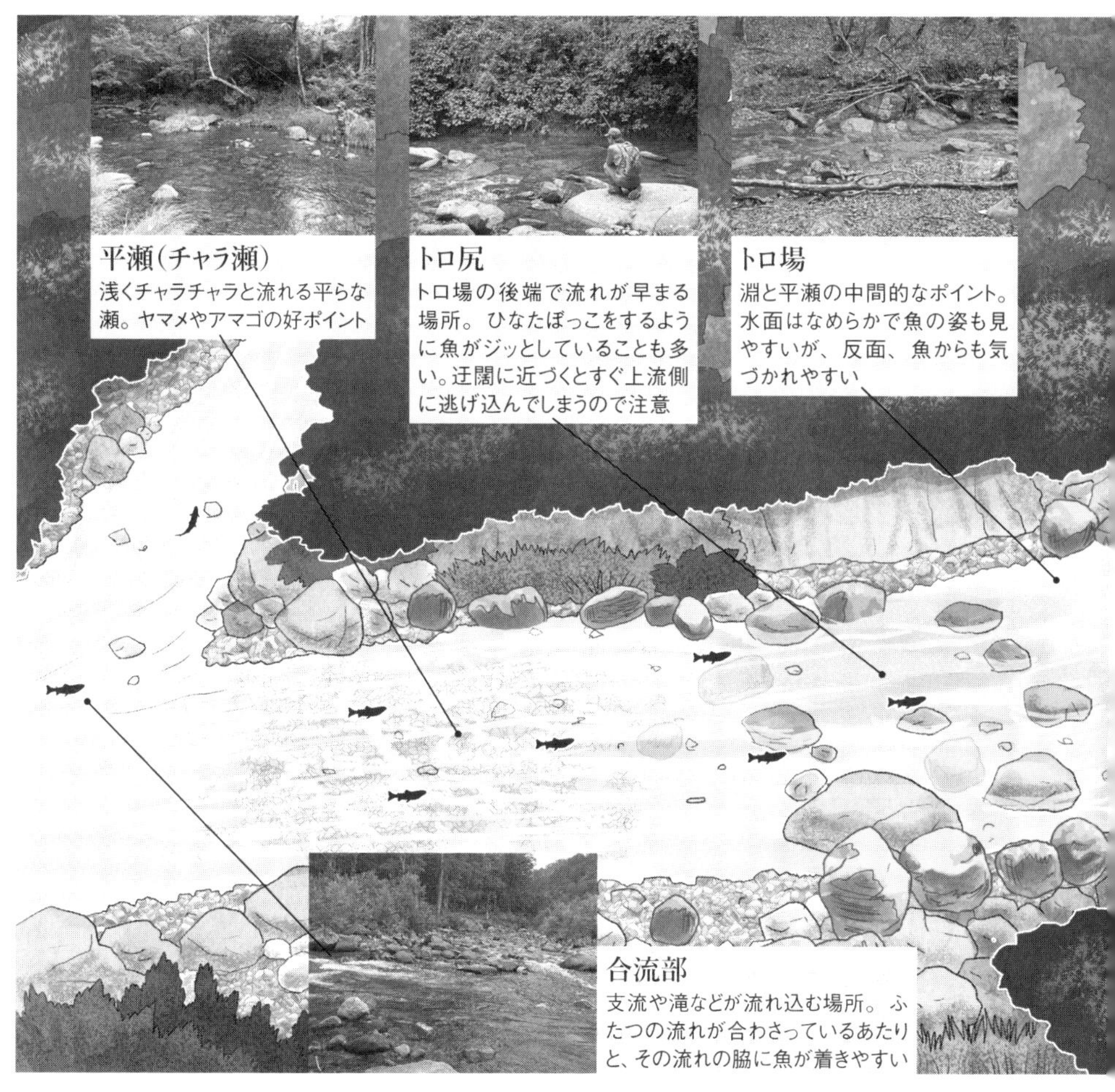

平瀬（チャラ瀬）
浅くチャラチャラと流れる平らな瀬。ヤマメやアマゴの好ポイント
トロ尻
トロ場の後端で流れが早まる場所。ひなたぼっこをするように魚がジッとしていることも多い。迂闊に近づくとすぐ上流側に逃げ込んでしまうので注意
トロ場
淵と平瀬の中間的なポイント。水面はなめらかで魚の姿も見やすいが、反面、魚からも気づかれやすい
合流部
支流や滝などが流れ込む場所。ふたつの流れが合わさっているあたりと、その流れの脇に魚が着きやすい

強く白泡立った流れが続く瀬は早瀬（ガンガン瀬）、比較的流れが緩やかで一様にフラットにチャラチャラ流れる瀬は平瀬（チャラ瀬）と言う。瀬の流れはまた次の蛇行部の入り口で深い淵へと注がれていく。この繰り返しだ。

瀬と淵の連続する中で、川の水は岩と岩の間をすり抜けるように流れてくる。そこに段差があれば、小さな落ち込みが生まれる。落ち込みに注ぐ流れの両サイドには反転流や巻き返しと呼ばれる反転した流れが生まれる。また、川は一様に流れているように見えて、主に地形によって流れの強弱が生まれている。特に強い流れの部分を流心と呼ぶ。反転流は特に流心の脇に発生しやすいことも覚えておこう。

川を堰き止める堰堤は、滝にも似た人工的な落ち込みだ。深く広い淵状になった堰堤下は、下流から上ってきた魚が溜まるため、多くの魚がストックされているポイントである。

バブルレーンを見極める

バブルレーンはいくつもある

白泡が伸びている所（矢印部）がバブルレーン。これを見るとわかるように、川は一様に流れているわけではなく、地形の影響を受けて、流れの強い所と弱い所が入り混じっている。バブルレーンは、周囲よりも流れの強い所を可視化してくれる存在。もちろん、流れが強くても白泡が立たなければバブルレーンは発生しないし、落ち込みでは流れがゆるい所も白泡で覆われる。あくまでも流心や流れのスジを見つけるための目安と考えよう

泡と一緒に虫が流れる

写真は淵の反転流に現れたバブルレーンの一部。白泡とともに虫や木の破片などが流れている。バブルレーンは魚にとって食べ物を運ぶベルトコンベアなのだ

バブルレーンとは、直訳すると「泡の道」

落ち込みなどで発生した白泡が、周囲よりも強い流れに引っ張られてスジ状に伸びたもののことで、毛鉤を流す重要な目安となっている。

周囲よりも流れの強い場所は「流れのスジ」や「流心」とも呼ぶが、それがより目に見やすい形で現れたものがバブルレーンというわけだ。

では、なぜバブルレーンが大切なのか？　それはより多くのエサが流れてくるためだ。多くの場合、渓流魚であるイワナやヤマメ・アマゴは、流れの中で定位して、流れてくる陸生昆虫や水生昆虫を待ち構えて捕食する習性を持っている。この時、周囲よりもたくさん虫が流れてくる所が、流心であり、流れのスジであり、バブルレーンというわけだ。

際立ったバブルレーンは目で見るこ

バブルレーンはあくまでも基点

バブルレーンは毛鉤を撃ち込むべき場所というわけではなく、あくまでも魚の着き場を見極めるための目安。写真のようなポイントの場合、バブルレーンの切れ目や両サイドの流れの緩やかな所こそが釣れるピンスポットとなることが多い。また、泡の立っていない流れのスジもある。慣れれば波立ち加減や地形から、見えづらい流れのスジを把握することができる

安全に楽にたくさんのエサを

待ち構えて捕食する渓流魚は、より安全に、楽をして、たくさんのエサを捕ることのできる場所ほど好む傾向がある。そして上質な場所ほど、より力関係に優れた大物が陣取っているものだ

とができる。偏光グラス越しなら、さらにくっきりと見極めることが可能だ。この時、バブルレーンならばどこでも好ポイントとなるかと言えば、それは少し違う。多くの場合、毛鉤で釣りやすい魚はバブルレーンが途切れるあたりか、バブルレーンの両側の脇の少し緩やかな流れに定位している。もちろん、バブルレーンの真ん中を流すと食ってくることもあるだろうが、それは状況によって変わってくる。ようは毛鉤を流すコースを決める基点としてバブルレーンを意識することが重要というわけだ。

バブルレーンから流心や流れのスジを知ることができれば、その脇にある、流れのたるみや反転流に気づくこともできる。バブルレーンに乗って流れてきた虫が溜まる場所もまた、魚の絶好の着き場となる。これらのピンスポットを知るためにも、川を見る際はバブルレーンに目を配りたい。

魚を探す基点①

開けた本流編

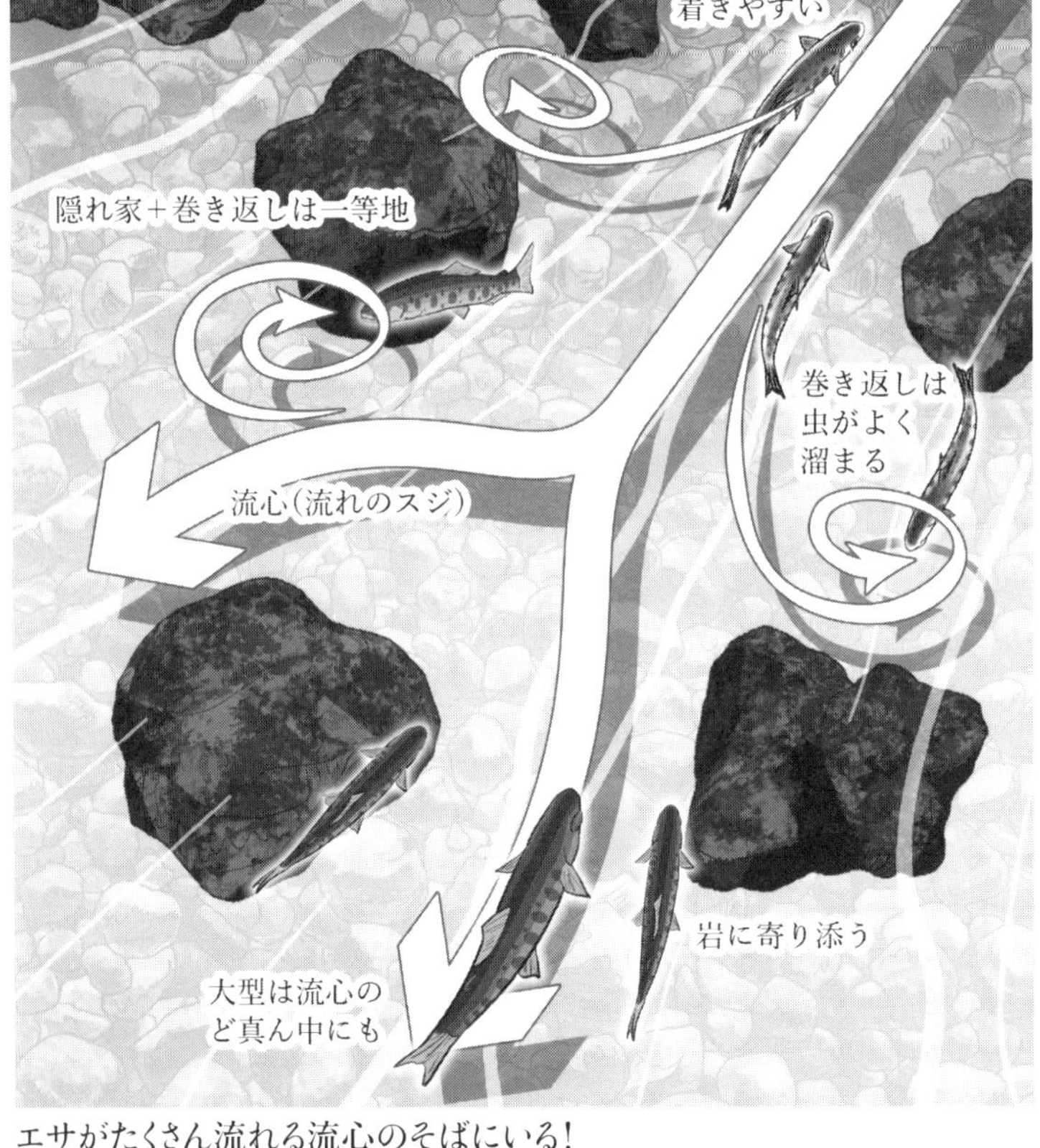

エサがたくさん流れる流心のそばにいる！

ほかよりも流れの早い流心を基点に、居場所を考えるのがひとつのセオリー。流心の脇の緩んだ流れや、流心自体の流れが緩んだ場所を探そう。流心に接している隠れ家も狙い目だ

ポイントを絞り込んで効率よく毛鉤を流そう

谷が浅く開けた流れはテンカラ釣り初心者にとって、格好の練習場所となる。スペースがあるため、比較的キャストしやすい長く柔らかめの竿を使うことができるからだ。一方で、毛鉤を流すべきポイントを探すのは少々難しくなるとも言えるだろう。あまり難しく考えずに、まんべんなくあらゆる流れに毛鉤を通してみるのも一手だ。

だがもう少し効率よく、魚が着いている場所を絞り込んで釣ることができれば、より多くの魚からの反応を得られるはずだ。ここでは広い流れの中の魚の着き場を探す基本を紹介しよう。

まず、基本となるのは流心だ。前のページで解説したバブルレーンを手がかりにしながら、広い流れの中で、周囲よりも早く流れている流心を探そう。渓流魚は流れの中に定位して、流れて

何本もある流れのスジ

開けた瀬には小さな流心である流れのスジ（矢印部）が何本もある。流れの強さによってはスジを通したほうがいい時もあるが、スジとスジの間で魚が出てくることもある。その時々の状況を読もう

流心の緩み＋木の根

バブルレーンが途切れたあたりに木の根が絡んでいる理想的なポイント。流心の下がやや深くなっていて、そこにも魚は着きやすい

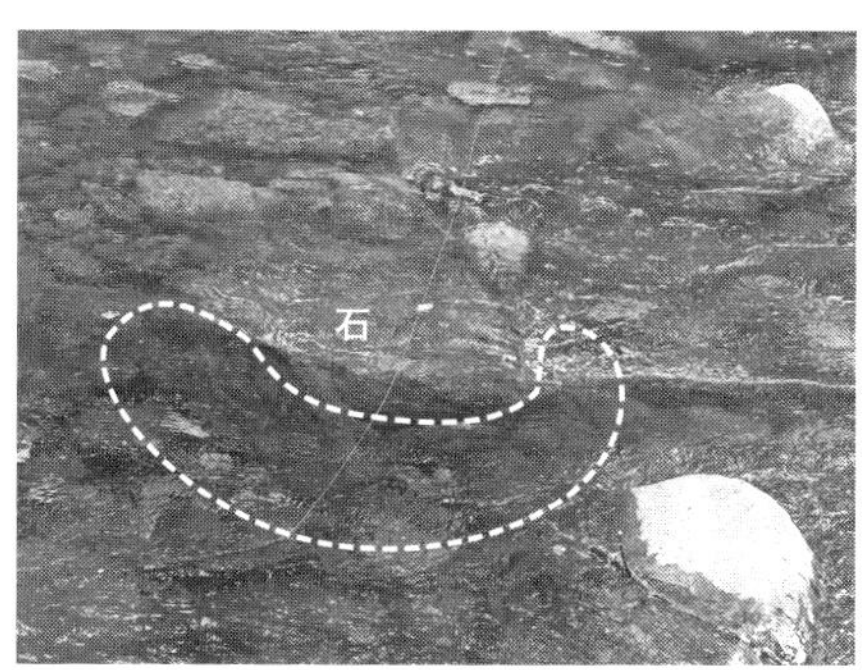

瀬の中にある沈み石

先行者が見落とすことも多い瀬の中の沈み石。こんな石を見つけたら、その周囲（囲み部）を丹念に通してみたい。食い気のある魚は石の上流側にいることが多い

狙いやすい瀬脇

しっかりとしたバブルレーンが出ていて流心がわかりやすい瀬。流心の両サイドの瀬脇（囲み部）をていねいに探ってみたい。笹ヤブ下のえぐれに引き込まれている流れも好ポイントだ

くる虫を食べる。周囲に比べ流心は、次々と虫が流れてくるだろう。その一方で、早い流れの中で待ち構えるのは大変なことだ。

体力のある大型魚は流心の中にいることも多いが、多くの魚は流心の脇にある、比較的流れの緩やかな瀬脇にポジションを取り、虫が流心を流れてきたら勢いよく飛び出して食べ、また元の場所に戻るといった行動を繰り返している。もしくは流心の流れがある程度緩んだあたりに陣取って、無駄な体力を使わずに流れてくる虫を食べているものもいる。賢い渓流魚たちは、流心から少し離れた場所に定位しながら、エサを次々と運んでくれる流心を利用して効率よく捕食しているのだ。

流心の中に岩などの隠れ家があれば、その陰で待ち構えながら、流れてきた虫を捕食している。安全を確保しながら無駄な体力を使わずにエサを得ることができるのだろう。

魚を探す基点②
岩がごろごろの渓流編

まずは隠れ家。そこに流れが絡めばグッド

魚の隠れ家となりそうな場所を探し、そこに流れが絡んでいれば期待大。特に反転流は、流れてくる虫を一時的に足止めしてくれるので、魚にとっても食べやすい。毛鉤も流しやすく、釣りやすいピンスポットだ

隠れ家となる岩を探す。そこに反転流が絡めば最高だ

岩がごろごろの渓流になると、そこにいる渓流魚はヤマメやアマゴよりも、イワナであることが多い。イワナは「岩魚」と書くように、岩の下など身を隠せる場所が大好きな魚だ。そこで川底との間に隙間のある岩を探すのが、このような渓流でポイントを探す近道。とはいえ、ただ隠れられるだけの場所では、魚にしても物足りない。やはりそこにエサとなる虫を運んでくれる流れが絡んでいることが、着き場としての好条件となっているのだ。

隠れ家は岩だけではない、岸際から突き出している木の根や枝、また流れに寄せられて溜まった流木や、落ち込みに広がる白泡もまた、身を潜められる隠れ家となる。そこに虫を運んでくれる流れが絡めば、魚（特にイワナ）にとって好ましい場所となるだろう。

張り出した枝の下

張り出した枝の下はキャストしづらいぶん、魚もスレていないことが多い。そこに流れが引き込まれていくような場所（囲み部）は特にチャンス。上流側からアプローチしてでも狙ってみたいポイントだ

白泡も隠れ家のひとつ

落ち込みから広がる白泡も隠れ家のひとつ。その両脇に岩が絡んでいるような場所は絶好のポイント（囲み部）。毛鉤は白泡を流すよりも白泡と白泡の間に入れたほうが魚に見つけてもらいやすい

反転流は絶好のスポット

垂直な岩盤にできた反転流も絶好のポイント。一見、隠れ家はないようにも見えるが、水深自体が隠れ家の代わりとなるため、魚は着いている

川底との間に隙間のある岩

岩の下の隙間に注目。こんな場所にはイワナが潜む。やや水深があるような場所ではウエイト入りの毛鉤を用いて少し沈めるのも効果的

流れが引き込まれていく隠れ家は、魚にとっては絶好だ。だが、毛鉤を流すのは、やや難しい。速い流心がそばを流れる隠れ家も好条件だが、開けた川に比べてエサを追える距離が短いことや、イワナは速く流れるエサを取るのがやや不得手ということもあって、もう少し緩やかな流れが絡んでいたほうがいいだろう。

たとえば、流れの巻いた反転流がそばにある隠れ家は絶好の条件となる。反転流は流れてきた虫を一時的にその場所に留めるため、魚たちは落ち着いて捕食することができる。

また、水深のある淵も、隠れ家の代わりになる。淵は全体に魚をストックするが、好条件の場所を絞り込むことで、確率を上げることができる。どこからエサが流れてきて、どこに溜まるのか。また、魚が待ちかまえる場所を読みながら毛鉤を投じることで、より魚の反応が得られるはずだ。

安全な徒渉

上から石を踏まずにスリ足で進む

見えづらい川底で上から足を踏み下ろすと不安定な浮き石に足を取られてしまうことも多い。基本はスリ足で、足場が確保できたことを確認しながら次の足を踏み出そう

初心者はヒザ下の水位まで。スリ足で慎重に渡ろう

沢靴やウェーディングシューズで初めて渓流を歩いた人は、その歩きづらさに戸惑うだろう。河原や川底には大小の石が敷き詰められていて、それを踏めば簡単にゴロンと転がってしまうものだから、慎重に歩かないとすぐに足を取られてしまう。

特に流れの中を徒渉する時は、水面下の不安定な足場が見づらいだけでなく、流れが足を押してくる。そこで転べば重大な事故にも繋がりかねない。安全な徒渉技術を身につけることは、渓流でテンカラ釣りを楽しむための必要条件とも言えるのだ。

まず、初心者はヒザよりも深い場所は渡らないと決めたほうがよい。川の流れは、たとえ緩く見えても、足を入れてみなければ押しの強さはわからない。その上、水位がヒザを超えると、

浅い所の深い所を渡る
渡る場所の基本は「浅い所の深い所」。水深が浅いところほど飛び出した石を渡っていきがちだが、へこんだ所を選んでスリ足で慎重に進もう

飛び出した石を渡るのは危険
水面に石が飛び出していると、ついその上を渡っていきたくなるが、これが最も危険。特に増水後は不安定な浮き石が多くなるので注意が必要だ

退渓ルートを確保してから徒渉する
対岸に渡ったはいいが、戻れなくならないように、退渓のことまで考えて徒渉したい。特に降雨時は写真のような急増水の可能性も考え、不用意に渡らないこと

初心者はヒザ下まで
ヒザよりも上になると、足が急に太くなるので流れに対する抵抗が増し、押しが強く感じられる。初心者はあらかじめヒザ下までと決めておく

途端に足全体にかかる水の押しが強くなる。危険を未然に防ぐためには、あらかじめ自分のボーダーラインを決めておくことが肝要だ。

歩き方のコツは、スリ足だ。不安定な川底の石を上から踏むと転倒の原因になる。できるだけ飛び出した石の上に足を乗せずに、少しずつスリ足で進むようにしよう。この際、次の一歩を踏み出すのは、足がしっかりと川底に固定されたことを確認してから。強めの流れを渡る際は、片足ずつ、川底のへこみにはめるようにしながら体重をかけて進みたい。

最後に、徒渉では「渡らない」という決断も大切だ。自分のボーダーラインを超えていたら渡らない。危険かな？と感じたら渡らない。対岸からは退渓できない場所ならば、戻ってこれる確信がなければ徒渉しないことだ。雨が降っていて増水の可能性がある時は、特に慎重に行動したい。

立ち位置とアプローチ

立ち位置へのアプローチで気にすべきことは？
まずは狙った場所に毛鉤が届くことが大前提。だが、不用意に近づきすぎては、魚を怯えさせてしまう。竿を振るスペースはあるか、かけた魚を取り込めるか、身を隠せる岩はあるか、などなど、考えることは多い。毛鉤をキャストするのと同じぐらい、立ち位置へのアプローチは重要なのだ

どこまで近づけるかを見極め慎重に身をかがめてアプローチ

ルアーフィッシングやフライフィッシングと違い、竿＋ラインの長さの範囲まで近づかないと釣ることのできないテンカラ釣りは、竿を振る立ち位置の決め方とアプローチが、魚を釣る上でとても重要になってくる。近づかないとポイントに毛鉤を投げづらいし、近づきすぎると魚に逃げられてしまう。いかに魚に気づかれずに、思う通りの流れに毛鉤を投じることができるか。このバランスを取った立ち位置の決め方とアプローチが、テンカラ釣りにとって、とても大切なことなのだ。

また、周囲を木々で覆われている小渓流では、キャストできる位置も限られる。かけた魚を寄せようとしたら手前に枝が……なんてこともある。立ち位置はキャストから取り込みまでを考えた上で決めなければならない。

岩陰や大きな流れは近づきやすい

岩陰や、水面が流れで波立っているような強い流れを狙う際は、比較的近づいても大丈夫。しっかりと狙った場所に投げられる位置からキャストしよう

浅い所は特に慎重に

浅い所は魚を目で確認しやすい代わりに、魚からも気づかれやすい。浅くて水面の静かなポイントほど、身を低くしてゆっくりと慎重に近づこう

吉田の教え

魚によって近づける距離は異なる

たとえば常に人影を見慣れている管理釣り場のニジマスなら、目の前まで近づいても釣ることができる。水中の岩陰に潜んでいるイワナを狙う場合は、岩によってイワナの視界が遮られていることも計算に入れて接近することができる。魚の種類や状況に応じて接近できる距離は変わるというわけだ。

大きなポイントは2つに分ける

大きな淵などは、まず手前の淵尻に魚がいると想定して一段下がった所から釣り、さらに近づいて上流側の落ち込みを狙う。このように、ポイントを2つに分けて考えると立ち位置が定めやすい

魚からの気づかれやすさは条件によってまちまち。水量が多く、水面が波立っているポイントは、比較的近づきやすい。対して水量が少なく水面が静かなポイントは、釣り人から魚を見やすい分、魚からも気づかれやすい。

いずれにしても立ち位置へのアプローチは、身をかがめ気味にしてゆっくりと近づきたい。身を隠せる岩や木などがあれば、次のページで紹介する「木化け」や「石化け」を使いながら、接近することができるだろう。

キャスティングは、しっかりと立ち位置を定めてから行うこと。少しキャスティングに慣れてくると、ラインを前後に振りながらポイントに近づき、歩きながらキャストしてしまいがちだが、これではキャストも決まりづらいし、魚にも警戒を与えてしまう。まずはアプローチをしっかり行い、立ち位置が定まってからキャスト。段階を踏んだ所作を身につけよう。

アプローチの基本
木化け・石化け

まるで忍者のように同化する

できるだけ身を低くして周囲の岩と同化する。少し大げさかな？　と思うぐらいでちょうど良い。魚の視野はとても広いので、常に視界に入っていると考えて行動する。警戒が解けるまでジッと動かず岩に化けるのだ

自然物に寄り添うクセをつける

釣り進む際も、常に自然物に寄り添うクセをつけておくことで魚の警戒心を不用意に高めずに済む。簡易的な石化けではあるが、実は釣果に大きく関わるテクニックだ

自然物に寄り添って ジッと動かず気配を消す

テンカラ釣りでは、いかに魚に気づかれずに距離を詰めることができるかが、大きな釣果の分かれ目となっている。特にスレて臆病になっている魚に対しては、できるだけ魚に自分の存在を悟られないための工夫が必要となる。その際に有効なのが「木化け」や「石化け」と呼ばれるカモフラージュの技法だ。文字通り、木や石に化けるように同化することで、魚に気づかれづらくするアプローチ法である。

　また、一度気づかれて前方の深みに逃げてしまった魚が、再度浅瀬に出てくるのを待つ時にも木化け・石化けは有効だ。存在を悟られずに安心させた上で振り込んだ毛鉤には、思いのほか簡単に口を使ってくれるものだ。

　一番の基本は、近くにある木や石などの自然物に身を寄せること。これら

突如現れた単独のシルエットは怖い

魚にとって、水面上に突如として現れた単独の大きなシルエットは、捕食者である鳥などの存在とも重なり、非常に怖いもの。アプローチの際は、あらかじめ身を寄せられる岩を探し、そこに寄り添うように身を低くしながら近づきたい

竿を目立たせないように

木化けの最中は竿もまた木に添わせて化けさせることが大切。前方に突き出ている竿は、思っている以上に魚を驚かせてしまうもの

かなりの接近戦も可能

木化け・石化けをマスターすれば、かなりの接近戦も可能となる。その場その場で身を寄せられる自然物を利用できるようになれば、魚は格段と釣りやすくなる

吉田の教え

蛍光色の服装はできるだけ避けたい

いくら木や石に身を添わせても蛍光色のウェアは魚に気づかれてしまう。特に蛍光イエローは魚に警戒心を抱かれやすいので避けたほうが無難だろう。カモフラージュ柄はもちろん、オリーブやベージュなどのアースカラーは魚からも気づかれづらい。

の背後に身を隠せることができればもちろん良いが、大切なことは、釣り人が単独で動くシルエットを魚に見せないこと。よって、木や石の横にしゃがんだり、木や石を背後に背負っても効果は十分にある。

もうひとつの基本は、できるだけジッとして動かないこと。寄り添う木や石とともに、身を隠す忍者のように微動だにしないことで、すっかりと溶け込むことができる。

この際、気をつけたいのは竿の存在だ。前方に竿を出したままにしておくと、竿先はどうしても揺れ動いてしまうし、たとえ動いていなくても魚は水面上に伸びる影をとても怖がる。太陽光を反射することで目立ってしまう場合もある。竿を振る時は仕方ないが、特に一度脅かしてしまった魚を待つ時などは、竿を自分の体に添わせて立てたり後方に倒したりすることで、より気配を消すことができるはずだ。

ケーススタディー①
緩く流れる開けた平瀬

バブルレーンを見極める
バブルレーン（白泡立っている流れの筋）を基点にすると釣りやすい。まず狙いたいのはバブルレーンが消えかかっている所（★）とバブルレーンの左右の瀬脇（×）。流れの強さによっては、泡は見えず、ザラザラと他より波立っているだけのこともある

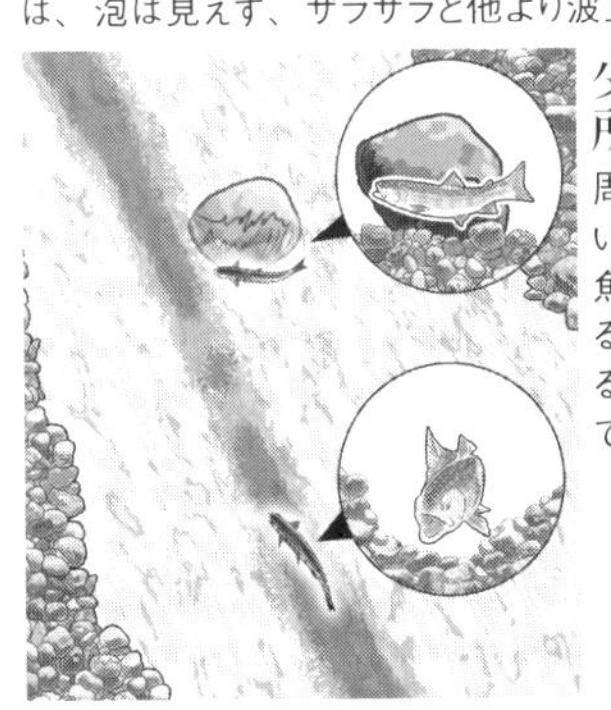

少しでも深い所を探す
周囲よりわずかに深い所は、それだけで魚が着く条件になる。また、ポツンとある浮き石もぜひ狙ってみたいスポットだ

偏光グラス＋キャップ付き帽子が見やすい。偏光グラスをかければ、わずかな流れの強弱も判別しやすくなる。つば付きのキャップを併用すれば、さらに見やすくなるぞ

一様に見える流れの中に魚の着くスポットを探す

一様に緩く流れる開けた平瀬では、まずアプローチに気を配りたい。水面がザラザラと波立っているようなら、そこまで注意しなくてもよいが、静かな水面の場合、魚から気づかれやすいポイントとなる。平瀬ではイワナ以上に警戒心の強いヤマメやアマゴが相手になることも多いので、ゆっくりとていねいに、驚かせないように立ち位置まで移動しよう。

周囲が開けているため比較的キャスティングはしやすい。魚の着き場が読みづらいため、入門者の場合は右岸から左岸まで川幅を30cm刻みにして、すべてに毛鉤を通すぐらいでもいい。

ただ、一様に流れているように見える中でも、魚が着く場所の傾向はある。目安はバブルレーンだ。

白泡の伸びている場所は、周囲より

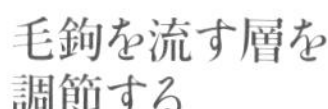

毛鉤を流す層を調節する

その時々で、魚が反応しやすい層は変わってくる。竿先の高さを変えて、毛鉤を流す層を魚に合わせることで、効率的に口を使わせることができる。目安はメインラインとハリスの結び目。毛鉤を浮かせたい場合はハリスを水面上に出すように調整し、毛鉤を沈めたければメインラインまでしっかりと水面下に沈ませよう

少し沈めたい時

表層狙い

吉田の教え

魚と虫の動きを観察

水生昆虫が周囲を飛び交うタイミングは、水面に落ちて流れる虫を食べようと、魚も表層を意識するようになる。虫の動きは、魚が反応しやすい層を知る手がかりになるのだ。

も流れが強く、エサとなる虫も集中して流れてくるため、魚が定位している可能性も高い。一番の狙い目は、白泡が切れかかっている所だ。

また、バブルレーンのある所は、川底の地形も周囲より少し深くなっていることが多い。全体的に水深30cmほどの川で、さらに15cmほど深くなっているだけで、魚が着きやすい条件となるのだ。また、ポツンとある単体の沈み石も魚の絶好の着き場となる。

毛鉤を流す際は、魚の状況に合わせて流す層を意識したい。水面近くの表層を流すか、もう少し沈めて中層を流すか。これを竿先の高さで調整する。竿先を上げて、ハリスを水面上に出しながら流せば、毛鉤は水面直下の表層を流れるし、竿先をやや下げてメインラインまで水面下に沈めた状態で流せば、毛鉤を流す層を少し下げることができる。魚が反応しやすい層を見つけることが釣果を伸ばすコツだ。

ケーススタディー②
階段状に続く落ち込み

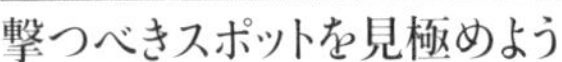
撃つべきスポットを見極めよう

矢印は流れのスジ。確実に撃っていきたいのは、白泡立った流心のサイドにある反転流（囲み部）。岩に囲まれた流れの巻いたスポットであり、主にイワナが岩の下に身を隠しながら落ちてくる虫を待っている

何回も撃ち返す必要はなし。次々と先に撃ち進もう

源流域や小渓流によくある、階段状に連続する落ち込み。イワナはこんな小場所にも潜み、流れてくる虫を待っている。こんな場所では、毛鉤を1回落とすだけで、釣れる魚はすぐに反応を返してくれるもの。逆にいえば、1回通して反応がなければ望み薄とも言える。可能性のあるスポットは無数にあるので、次々とテンポよく普通毛鉤を撃ち進んで、表層を探っていくことが、釣果を上げるためのコツとなる。

この際、狙うのは主に、白泡の立った流心の脇にあるスポット状の反転流や瀬脇だ。近くにはゴロゴロと転がった岩や石による隠れ場所があって、その奥底に隠れながら落ちてくるエサを待ち構えているイメージ。毛鉤をキャストしたら、1、2秒ほど流してすぐにピックアップし、次のスポットに撃

エキスパートの視線をチェック

慣れてくると、毛鉤を撃ち込んだ瞬間に視線は次に撃つスポットに送られている。早いテンポで釣り進む秘訣だが、慣れるまではひとつずつ正確さを期して、ていねいにキャストしよう

吉田の教え

回り込む場合はアプローチに注意

スポットの真横や上流側に回り込むと、途端に魚から気づかれやすくなってしまうのが階段状ポイントの特徴。しっかりと身をかがめ、やや距離を取る意識も持っておきたい。

どの流れに乗せて送り込むか

小さなスポットなら直接毛鉤を撃ち込んでもいいが、スポットに向けてより自然に毛鉤を流したければ、流れの向きを捉えてその上手側にキャストする。★に毛鉤を通したければ、上流側の肩(▲)から流すだけでなく、反転流を利用して下流側(×)から流す方法もある。落ち込みを利用すれば毛鉤を沈ませることもできるが根がかりにも注意

ち込んでいく釣りだ。

小さな場所を狙っていく釣りのため、キャスト精度が高くなればなるほど結果は付いてくる。かなり慣れると毛鉤を撃ち込んで流しながら、次のスポットに視線を送れるようにもなってくるが、まずはひとつずつ狙いを定めてキャストが決まるように経験を重ねていこう。

このような階段状のポイントは、そもそもある程度急勾配となっているため、下流側からアプローチしていく限り、さほど神経質になることはないが、真横や上流側に回り込んだほうが狙いやすいスポットにキャストする際は、魚にも気づかれやすい立ち位置となるため、身をかがめたり、少し距離を取ってキャストするなどの配慮が必要だ。

驚くのは「さすがにここは水が少ないか……」と思うような所からも、イワナは出てくることだ。わずか数センチの水深だとしても可能性はある。

ケーススタディー③ 反転流

本流の脇にできる渦状の流れ

上写真は実際に左写真のイワナが釣れた反転流＋隙間のある岩のポイント。本流の脇にできる渦状の反転流に乗って、流れてきた虫が一時的に溜まる。その脇に岩があると、絶好のポイントに。イワナは岩の下に身を隠しながら、流れて溜まるエサを食べることができる

エサが留まる反転流に隠れ家が絡めば最高のポイントに！

反転流とは、勢いよく流れる流心の脇にできる、渦状の流れのこと。流れのあたる岩の裏などにできることが多く、流心を流れてきた虫などが一時的に渦状の流れに乗って留まるため、渓流魚にとって効率のよい捕食場所となっている。また、川底との間に隙間のある岩に接した反転流は、魚にとって「隠れ家付きの食堂」といったところ。当然のことながら、テンカラ釣りの好ポイントとなっている。

小さな反転流ならば、そのスポットに投げればよいが、ある程度大きな反転流の場合は、魚が出そうなピンスポットを見極めて、そこに毛鉤が自然に流れていくように、流れの上手に毛鉤をキャストする。この時、川の上流側ではなく、あくまでも反転流のコースを読んだ上で、流れの上手に投げるこ

反転流を可視化

反転流を流れる花びらをスローシャッターで撮影するとご覧の通り。流れはこのように渦巻いている。ポイント（★）に毛鉤を通したければ、川の上流側（A）ではなく、流れの上流側（B）に毛鉤を撃ち込もう

反転流には虫が溜まる

反転流ができている所をよく見ると、流されてきた虫が溜まっている。ライズを繰り返す魚がいることも多いので、ぜひ狙ってみたいポイントだ

吉田の教え

引き込む反転流を狙え！

反転流をよく見ると、もわっと水中から水が湧き上がっているようなものと、引き込むような流れになっているものがある。釣れるのは引き込む反転流。湧き上がっている流れは慣れれば見分けがつくので、見分けられれば効率よく釣ることができる。

と。場合によっては、川の下流側に投げることで上流側に毛鉤が流れていくこともある。キャストする前に水面を流れる泡やゴミなどを観察して、流れの方向を把握しておこう。

慣れてくると、反転流はそこらじゅうにあることがわかってくる。そのすべてを撃つのもよいが、効率がよいとは言えないだろう。少しでも釣れる確率の高い所だけを撃って進みたければ「釣れる反転流」を知ることだ。そのひとつは川底との間に隙間のある岩に接している反転流。特にイワナの場合は、隠れ家となる隙間のある岩があれば好条件となる。

もうひとつは、モワモワッと水面が盛り上がっている反転流を避けること。そんな所は下から上に向けて流れが湧き上がっているため、虫も毛鉤も水中に馴染んでいきづらい。魚も少なく釣りづらいので、そこを省くだけでも、効率よく釣り進むことができる。

ケーススタディ④ 堰堤下

釣り残さずに釣る方法

Ⓐ Ⓑ Ⓒ Ⓓの順に釣っていく。Ⓐは堰堤下から流れが出ていくかけ上がり。ここには流れを好むヤマメが着いていることが多い。Ⓑ、Ⓓは左右の巻き返し。ここにはイワナが着いていることが多い。Ⓒの落ち込みは、水深があれば大物含め魚が溜まっていることもある。Ⓓのように奥まった所にあるポイントは、ほかのポイントを撃ち終わってから、正確にキャストできる位置まで近づいて狙うと良い

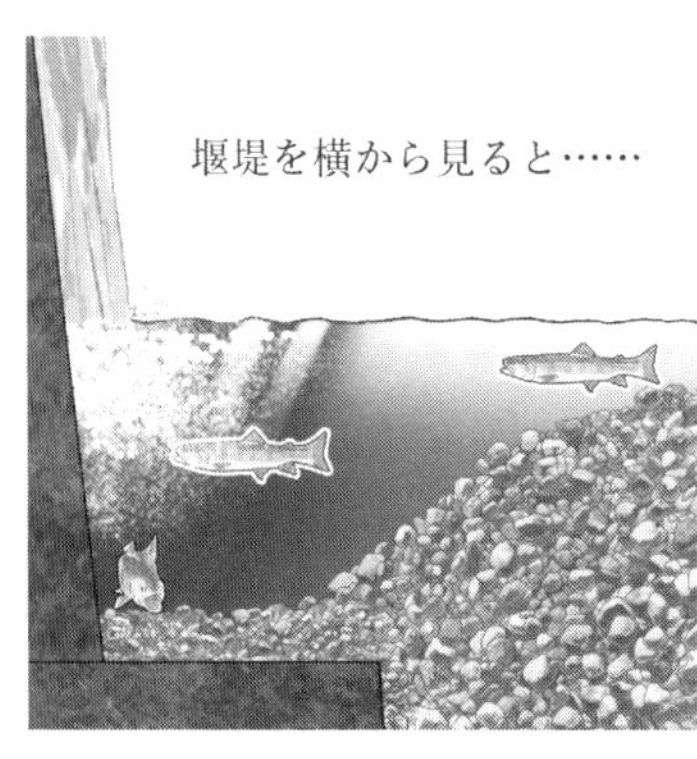

堰堤を真横から見た図

堰堤の落ち込みの下は図のように掘れて深くなっていることも多い。白泡は魚にとっての隠れ家にもなっているので、接近しても気づかれにくい

魚が溜まる絶好のポイント。順序を踏んでアプローチしよう

川を寸断する砂防堰堤の下は、下流から上ってきた魚が溜まる絶好のポイントとなっている。特に堰堤の真下が深く掘れて広く大きなプール状になっているポイントには、数がストックされているだけでなく、大物も潜む。手前から順序よく釣れば、ひとつの堰堤で複数匹釣ることも可能だ。

最も魚影が濃いのは落ち込みの真下にある深み。だが、水深がありすぎて、テンカラ釣りだとやや狙いづらい。それよりも、堰堤の落ち込みから下流に向けて流れ出すかけ上がりに注目したい。落ち込みでできた白泡が伸びるように下流へと流されていくが、特に泡が伸びているバブルレーンは渓流魚が流れてくる虫などを待ち構える好ポイントとなっている。そんな所を好むのは食い気のあるヤマメだ。バブルレー

巻き返しと落ち込みを狙う立ち位置

落ち込み(Ⓒ)と、そのキワにある巻き返し(Ⓑ)を狙う立ち位置。白泡が遮蔽物となっているため、意外に接近できる。落ち込みは小刻みに縦に撃って流してみよう

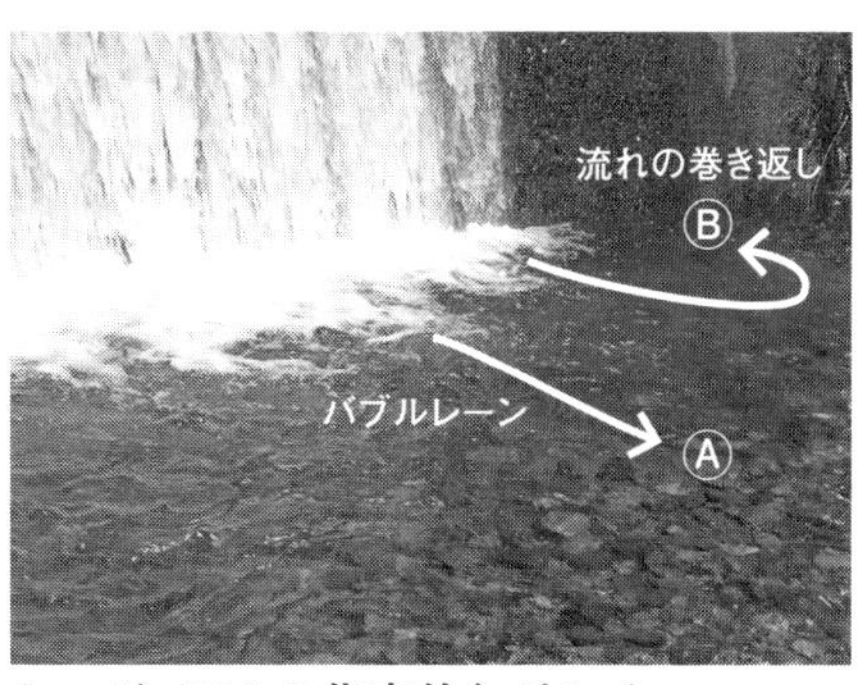

ヤマメとイワナの代表的なポイント

白泡がほかよりも下流側に伸びている所が「バブルレーン」。エサがたくさん流れてくる一等地で、ヤマメやアマゴの好ポイントだ(Ⓐ)。落ち込みのキワには巻き返しができ、ここはイワナの絶好のポイント(Ⓑ)

投げられる所まで近づいてキャスト

奥まったポイントは、ほかのすべてのポイントを撃った後にキャストできる立ち位置に移動して正確に投じる。1匹を確実に釣りたければ、最も狙いたいポイントを最優先するのもありだ

落ち込みは最後に横へ誘う

落ち込みⒸに向かって30cm刻みぐらいでていねいに何度も縦に流した後、最後に真横から白泡に沿って毛鉤を誘うように引いてくると出ることがある。白泡の下は入念に攻めよう

ンに乗せるように上手く毛鉤を流せれば、勢いよく食ってくるだろう。

手前のバブルレーンを釣ったら、少し立ち位置を前に進めて、落ち込みの下の白泡と堰堤の左右にできる巻き返しに毛鉤を投げてみる。白泡の下が深く掘れている場合は、しっかりと落ち込みギリギリに毛鉤を落として、流れに巻き込ませるようにして沈めよう。ウエイト付きの沈む毛鉤を使えば、さらに深い層も狙うことができる。

縦に細かく撃って流したら、最後は堰堤の真横に立ち、堰堤直下の白泡に沿うように毛鉤をちょんちょんと誘ってみよう。それまで反応しなかった魚が、誘いの釣りに変えた途端に出てくることも珍しくないので気を抜かずに。

堰堤は、たくさんの魚が溜まっている。狙われやすく、スレていることも多いが、ほかのポイントよりも撃ち直す回数を増やして、しっかりと探りを入れることで、釣果を伸ばせるだろう。

ケーススタディー⑤ 長いトロ場

少しずつ前進してキャスト
どうしても相手に見られやすい接近戦となるのでしゃがむなど身を低くしてキャストしたい。立ち上がって移動しながらキャストしていては、釣れる魚も釣れない

最も美味しい所を最優先
落ち込み付近は水深もあり、隠れ家となる岩もあるため、魚が着きやすい。また、大型魚ほどエサをたくさん取れる上流部にいるものだ。ほかを捨てて、ここに集中するのも手。その際は、下流の水辺沿いからアプローチせず、一度流れから離れ、ていねいに近づきたい

トロッとした浅い流れはアプローチに気を配りたい

トロ場とは、平瀬と淵の中間的なポイント。だらだらと浅く静かな水面が続くため、魚から気づかれやすく、ややスレているポイントでもある。また、人影に気づいた魚は、より深い上流部に走るため、そこにいる魚にも警戒心を与えてしまう。そのため、なによりもていねいなアプローチを心がけることが、釣果を伸ばす秘訣と言えるだろう。長く続くポイントだけに、立ち位置とキャスト範囲の取り方が悩ましくもある。アプローチする前に遠目から全体を観察して、いくつかの区間に分けてプランニングするのがおすすめだ。

最も数もサイズも見込めるのは、多くの場合、トロ場の最上流部にある落ち込み付近となる。いわばそこがポイントの一等地。もちろん手前にも魚はいるので、順序よく手前から釣ってい

いくつかの区画に分けて釣る

長いトロ場は、一度に釣れないので、いくつかの区画に分けて、少しずつ前進しながら毛鉤を流す。途中に大きな岩など魚の隠れ家となる場所があれば、驚かせても、さらに上流まで逃げていくことは少ない。逆に何も隠れ家がないと、一気に最上流の落ち込みまで逃げて、そこにいる魚を怯えさせてしまう。そんなことも考えて、釣る場所を決めよう

まずは手前から

トロ場は浅く水面が静かなので、魚からも気づかれやすい。ゆっくりと身をかがめたていねいなアプローチを心がけたい。ここの魚を釣ることで、かけた魚が暴れて上流側の魚を怯えさせてしまうことも想定した上で、釣るかどうかを判断したい

吉田の教え

手前から順に釣るのはなかなか難しい

手前から順に釣っていくことで、何匹も釣ることができる。これはできすぎた理想であり、実際には手前の魚を釣ることで、上流部の魚が警戒心を抱き、釣りづらくなる。

く手もあるが、不用意に魚を驚かせて上流に走られると、せっかくの一等地まで潰してしまいかねないので注意が必要だ。こんな時は、最上流部との間に魚の隠れ場所となる岩などがあるかどうかがひとつの基準となる。途中に隠れ場所があれば、さらにそれ以上先には逃げていかない可能性も高い。逆に途中に全く隠れ場所がないと、驚いた魚は最上流部まで走り、一等地を乱してしまうだろう。ならば、最初から下流部を捨てて、一等地だけを狙うのも手だ。この場合は、一度、川から離れ、立ち位置を決めてから、改めてていねいなアプローチを企てたい。

P.102〜でも紹介するが、テンカラ釣りは釣り上るテンポによって釣れる魚の数が変わってくる。短い距離で、あらゆるポイントをじっくりていねいに釣るか、テンポよく長い距離を釣り上がるか。1日のプランによってもポイントの取捨選択は変わるのだ。

ケーススタディー⑥
岩や木のえぐれ

下流側から見ると……
張り出した岩の下がよさそうなことはわかるけど、下流側には木の枝も張り出していて、うまく攻められそうにない。「仕方ないから、できるだけ近くを流せばいいか」と諦める前に、思い切ってもう少し近づいてみよう

正確に流し込める立ち位置まで近づいてからキャスト

魚にとって、隠れながらエサを捕れる場所は、この上ない好条件である。特に陸生昆虫に依存する夏場は、陸上の木や草から落ちてくる虫が水面や表層を流れるため、それを食べるためには表層や水面まで出てこなければならない。渓流魚の代表的な捕食者は、水面上から襲いかかる鳥だから、水面近くに身を晒すのはリスクをともなう行動となる。ある意味、警戒しながら食べている状態、とも言えるのだ。

流れに突き出した岩や木の下にできているえぐれは、捕食者から身を隠しながら流れてくる虫を食べることのできる場所。渓流魚にとっては、安心しきった状態で次々とエサを食べられる最高の食事場所と言えるだろう。毛鉤を流せれば高確率で食ってくる場所だけに、大切にアプローチしたい。

真横に回ると流せそう

右ページの写真と同じポイントを真横から見るとこんな感じ。小さな枝がじゃまに感じるが、岩の下に毛鉤を流すことはできそう。手前に流心があり、岩の下には緩やかな流れが引き込まれているので、ラインが流心に取られないように注意

**このぐらい
近づいても大丈夫**

ポイントの真横にくると、だいぶ近づいてしまう気もするが、えぐれの下にいる魚は意外に気づかない。できるだけ自信を持って狙い通り流せる位置まで移動したほうが好結果になりやすい

吉田の教え

魚の向きも意識しておく

張り出した岩や木の下のえぐれは反転流になっていることも多い。魚は「川の上流」ではなく「流れの上流」に頭を向けている。そこまで意識することで、さらに釣れるアプローチを身につけることができる。

最も多い失敗は、下流側から無理にキャストして、岩や張り出した木の枝などに毛鉤を引っかけ、ポイントを潰してしまうことだ。下流側から張り出している枝などの下に毛鉤を投げて通すことは、物理的にとても難しい。そこで無駄撃ちせず、思い切ってポイントの真横や上流側に回り込むと、意外なほど簡単に毛鉤を流せるポジションがあるものだ。

近づくと魚を脅かしてしまうのでは……と心配するかもしれないが、実はかなり大胆に近づいても、魚からは気づかれないポイントでもある。なぜなら魚は安全なカバーの下に隠れているからだ。

中途半端に手前の流れに毛鉤を乗せてしまうと、見にきたけど食い切らず、警戒心を与えてしまいがちだ。できるだけ正確にキャストできる立ち位置まで移動して、毛鉤をえぐれの下にプレゼンテーションしよう。

ケーススタディー⑦ 大きな淵

このぐらいの規模の淵は2つに分けて考える
流れをよく見ると、白泡立つ右側の強い流れと、緩やかな左側の流れに分かれていることがわかる。この2つの流れのスジを基点として、狙うピンスポットを考え出していく

沈むウエイト付き毛鉤が活躍するぞ
水深のある淵は、ウエイト付きの沈む毛鉤が活躍することも多い。普通毛鉤だけでなく、ウエイト付きの毛鉤を沈ませて流す釣りをセットとすることで釣果は増すはずだ

いくつかの区間に分けて その中のピンスポットを撃つ

ある程度、大きめの淵は、長く続くトロ場を攻めた時と同じく、いくつかの区間に分けて考えると釣りやすい。細長い淵ならば手前と奥で分けてもいいし、上写真のように丸型で流れが左右に分かれているような淵ならば、右と左に分けてみるのもいいだろう。

では、左右に区間を分けたとして、どこに毛鉤を流していけばいいのだろう。端的に言えば「毛鉤で釣りやすい所」となる。淵のあらゆる所に魚はいる。エサ釣りやルアーフィッシングであれば、深い底にいる魚も狙えるだろう。だが、毛鉤の場合、ウエイト付きの沈む毛鉤でも、ある程度の深さまでしか流せない。無理に底まで沈ませていくよりも、毛鉤の得意とする表層付近を流しながら食わせやすいピンスポットを釣っていくほうが効率よく魚に

流れの筋を基点にスポットを探す

やみくもに毛鉤を撃って流すのではなく、流れてくる虫を待ち構えている魚のポジションを点で意識して、そこに毛鉤を正確に流すよう心がけよう。具体的には、流心の脇にできる緩やかな瀬脇、バブルレーンの終わり、流れ出し付近、そして隠れ場所となる岩などの横。まずはこれらのピンスポットに毛鉤を流し、反応がなければ、逆さ毛鉤などで誘いの釣りを試してみる

アプローチもていねいに

淵は比較的周囲が開けているため、立ち位置までのアプローチはていねいに。近く寄る際は身をかがめ、岩などがあれば、寄り添うようにしながら、狙ったピンスポットに毛鉤を撃ち込める場所まで近づく

口を使わせることができる。

具体的にいえば、流心の脇にある、少し流れの緩やかな瀬脇と、流心の流れの勢いが弱まりバブルレーンが途切れるあたり、さらには流れ出し付近となる。また、流れに岩など魚の隠れ場所が絡めば、そこは狙うべきスポットとなる。広い淵の中でも区間を分けて、さらに毛鉤で釣りやすいピンスポットに照準を絞って狙い撃つことで、釣果を伸ばすことができるはずだ。

水深のある淵では、普通毛鉤だけでなく、より深めの層を流せるウエイト付きの沈む毛鉤をぜひ試してみてほしい。大物への期待も広がる。

また、淵は多くの釣り人に狙われやすいポイントであるため、魚がスレているケースも多い。これはトロ場にも言えることだが、逆さ毛鉤を用いた誘う釣りが効果を発揮することも多いので、毛鉤を流しても反応がない場合は、最後に誘いをかけてみるのも有効だ。

管理釣り場は練習に最適！

テンカラ釣りをやっている人のなかには、管理釣り場に一度も出かけたことがない方もいる。そういった人になぜ行かないのかと聞くと、特にベテランの方の中には「誰にでも簡単に釣れるような場所は面白くない」と答える人がいる。各地の管理釣り場に通ったことがある人ならわかると思うが、はたして誰にでも簡単に釣れるのだろうか。

確かに自然渓流で2ケタの数を釣るのは難しいが、管理釣り場でなら達成できる。なぜなら、そこにいる魚の数（分母）が違うからだ。100尾しかいない場所で10尾釣るのと、10000尾いる場所で10尾釣るのでは100倍の差がある。だからといって簡単とはいえない。なぜならば、管理釣り場の魚は一日に何十何百何千何万という毛鉤が頭上を通過していくこともあるので、毛鉤にスレる（慣れる）という現象が起きやすいためだ。それでも、管理釣り場にいる魚の数を利用できれば、アタリの取り方、アワセの力加減、取り込みの所作などは、繰り返し練習することができる。

テンカラ釣りを始めたばかりの入門者にとって、自然渓流で魚が釣れるチャンスは千載一遇だ。そこに準備が足りていなければ、アワセも決められずせっかくの魚をかけ損ない、ショックで心が折れ、釣りを続ける気力がなくなってしまうこともあるだろう。急がば回れで、まずは足元の安全と、魚の数の確保されている管理釣り場で、『テンカラの所作』を体得しておく。これが、テンカラ釣り上達の、そして長く楽しむための、ひとつの早道となる。

（吉田 孝）

写真のTOKYOトラウトカントリー（東京都西多摩郡奥多摩町日原）のように、自然渓流を利用した釣り場は、テンカラ釣りの練習に最適。たくさんの魚を相手に一連の釣り方を学べる

第6章

さらに釣果を伸ばすコツ

少し意識するだけで1日の釣果が変わることや、少しコツを覚えることで釣れる魚が増える方法など、さらに釣果を伸ばすためのテクニックを紹介。

釣果をアップする効率化

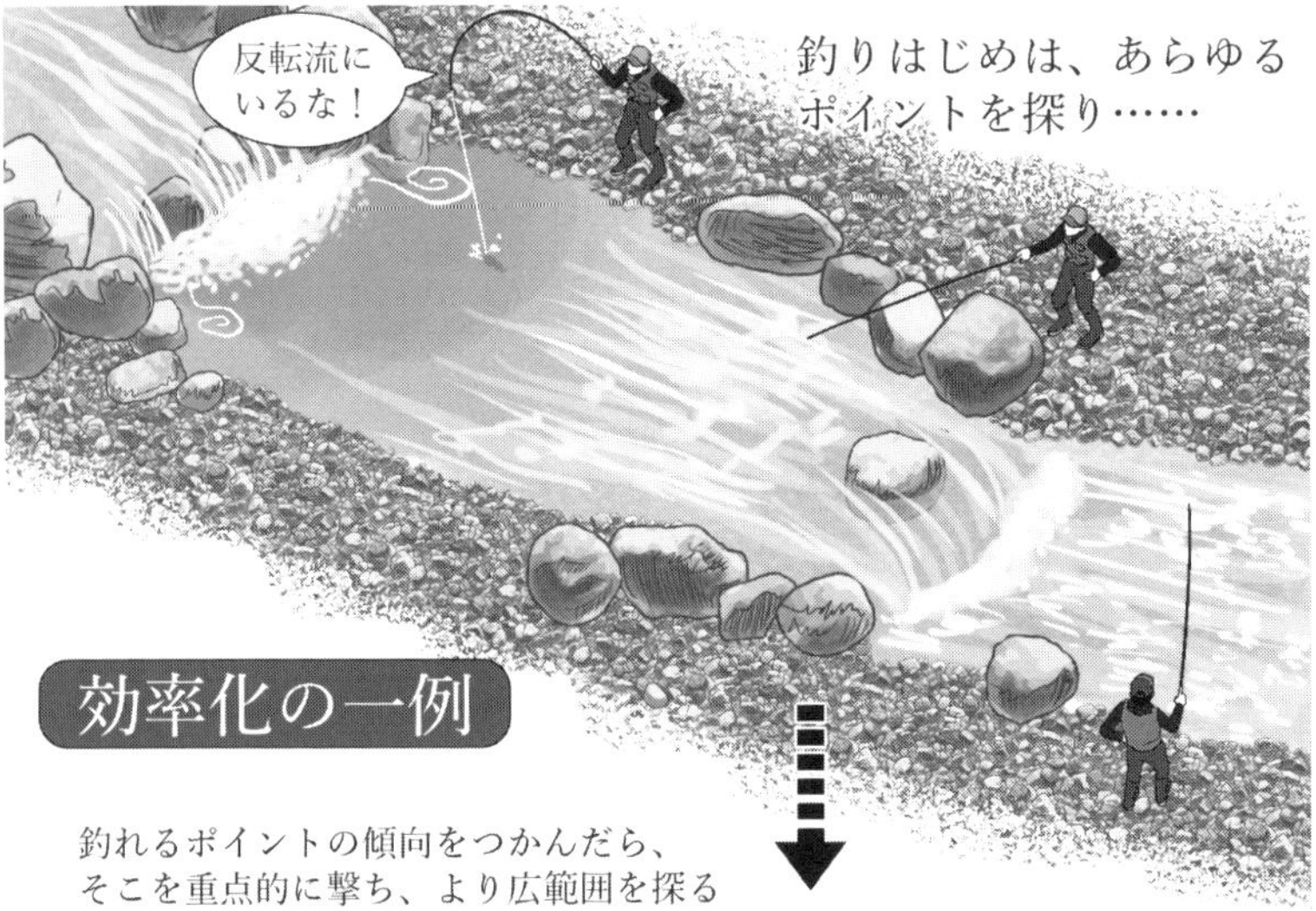

効率のよいプランニングが釣果を伸ばす

たとえば前半は当日の状況を探る意味からも、あらゆるポイントに毛鉤を通し、ある程度、当日、魚が反応しやすいポイントの傾向が見えたら、後半はそのポイントばかりを選んで釣っていく。効率化を図ることで、釣果を伸ばすことができるのだ

釣りをする時間と川の長さで狙うポイントを考えていく

その日の釣果を少しでも上げようと思うなら、状況に合わせた効率のよいプランニングが重要となる。

たとえば釣れそうな順にA級、B級、C級のポイントがあるとしよう。釣ることのできる川の長さが、自分が釣りをする時間に対して短ければ、A～C級のポイントすべてをじっくり撃ったほうが釣果は上がるだろう。だが、1日では釣りきれないほどの区間があるとしたら、A～C級すべてに毛鉤（けばり）を通すよりも、A級ポイントだけに狙いを絞って遡行を急いだほうが、結果として釣れる魚の数が増えるはずだ。

このように、より釣れるポイントや、より釣れる区間を効率よく釣っていくことで、釣果をアップさせることができる。1日にたくさん釣る人の秘訣が、実はこのプランニングにあると言って

釣れる区間を知る目安
びゅっと逃げてしまった魚は釣りづらい。ただ、そこに魚がいたことはポジティブに捉えよう。本当に釣れない区間は逃げる魚の影も少ないもの。たくさん逃げる姿を見るような場所は、そもそも魚の数が多いと判断できる。また、流れの緩い浅瀬に稚魚（上写真）がたくさん見られたら、それも魚影の濃いサインだ

優先的にいい所だけ撃つ
釣りの前半は①②③④すべて撃つが、岩裏の巻き返しで魚が出るとわかれば、①②だけを撃って先に進んでいくのもひとつの釣り方だ

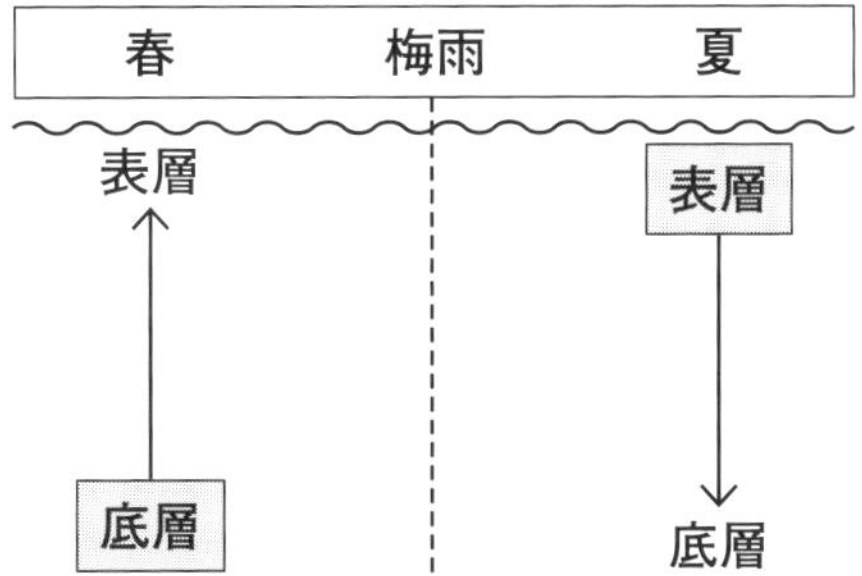

梅雨を境に毛鉤を流す層の起点を変える
解禁したばかりの春は、なかなか表層の毛鉤を食ってこないもの。対して夏場は表層にこそ反応がよいものだ。梅雨を境に、最初に流す層を変えていくと、効率よく当日の状況を探れるぞ

吉田の教え

テンカラ釣りは18〜21cmが数釣れる釣り

「魚の居場所＝テンカラ釣りで食ってくるポイント」とは限らない。端的に言うと、テンカラ釣りは深い所を狙うのがあまり得意ではない。テンカラ釣りは、表層から水面下50cmぐらいまでの範囲で18〜21cmぐらいの渓流魚がたくさん釣れる釣りだと割り切って、テンカラ釣りで釣りやすい魚を狙う意識を持つことで、より釣果を伸ばすことができるだろう。

も過言ではない。釣りながら当日の状況をつかみ、よりその状況に適した釣りにシフトしていくことで、さらにたくさんの魚を釣ることができる、というわけだ。

魚の反応は、毛鉤を流す層によっても大きく変わる。本書では表層を流れる普通毛鉤と、より深い層を流すことのできるウエイト付きの沈む毛鉤を使い分ける釣りを推奨している。これらを使って魚からの反応の多い層を探っていくわけだが、その起点は梅雨を境に変えていくとよい。春先から梅雨までは、魚は比較的底近くの層で食ってくることが多いので、まずは沈む毛鉤で底近くから探り、反応がなければ、少しずつ流す層を上げていく釣りをするとよい。梅雨から夏にかけては、表層や水面で食ってくることが多くなるため、まずは表層を流せる普通毛鉤で探っていき、反応次第で少しずつ層を下げていくとよいだろう。

先行者がいる場所の釣り方

激しい流れの瀬は竿抜けの確率が高い
特にテンカラやフライフィッシングなど毛鉤釣りの場合、激しい流れは感覚的に避けがちだ。そこをあえて覆し、ていねいに毛鉤を魚に食わせられる流れを探そう。ヤマメやアマゴは思いのほか強い流れも好む。そしてその傾向は、大物ほど強いぞ

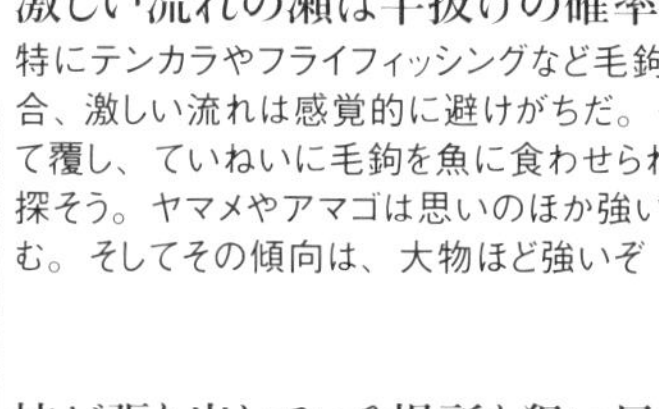

枝が張り出している場所も狙い目
いかにも引っかけてしまいそうな、枝が張り出したポイントは、落ち着いて観察し、ポイントの真横や上流側など毛鉤を送り込める立ち位置を工夫してみよう

ていねいに竿抜けを探す。右利きは左投げも覚えたい

魚からの反応が極端に少ない。あるいは魚の警戒心がとても高まっている。水辺に新しい足跡がある。こんな時は、先行者が釣った後である可能性が高い。だとすれば思い切って退渓し、釣る場所を変更するのも一手だ。

だが、時間的な余裕がなかったり、ほかに逃げ場所のない川では、少しでも確率の高い釣り方にシフトすることで、魚の反応を引き出したい。

コツを一言で言えば「竿抜けを探すこと」。これに尽きる。竿抜けとは、先行者に釣られていない場所だ。当然のことだが、釣れそうに見えたり、釣りやすい場所は、すでに釣られている確率が高い。釣れそうに思えない、また、釣りづらい場所をあえて釣ることで、先行者の影響が少ないフレッシュな魚を相手にすることができるのだ。

右利きと左利きでは釣りやすいポイントが違う

右利きと左利きでは、自然に釣っている場所が異なっているもの。右手投げ、左手投げを自由自在に使い分けることができれば、ポイントの幅が大きく広がる。日本には右利きが多いので、自然と右利きが苦手とするポイントが竿抜けになりやすい。右利きの人は左手投げもマスターしておこう

吉田の教え

入門者ほど両手投げをマスターせよ

　正しくキャスティングを覚えるには入門時に限る。この本を読んでテンカラ釣りを始めようとしている人は、ぜひ利き手とともに、逆の手でも竿を振れるようにしておこう。両手使いの一番の近道は、最初に一緒に覚えてしまうことなのだ。

狙い目のひとつは、白波立っているような、流れの強い瀬だ。「こんな所にいないよね？」と思われがちな早い流れにも、ヤマメやアマゴは定位しているもの。また、騒がしい水面ほど人影の影響も少ない。じっくりと観察して瀬脇や巻き返しなどを探し、ていねいに毛鉤を送り込むことで、思いのほか簡単に反応を得られることも多い。

　木の枝などが覆いかぶさっている所も釣りづらく、先行者対策として狙い目だ。下流側から流せそうにない所もアプローチの角度を真横や上流側に変えることで攻められることがあるので、手間を惜しまず試してみたい。

　もうひとつの盲点は、利き手による竿抜けの偏りだ。右利きと左利きでは、狙いやすいポイントが変わってくる。そして、日本人の約9割は右利きと言われている。あなたがもし右利きならば、ぜひ入門者のうちに、左手で竿を振る練習もしておいてほしい。

ライン処理に気を配る

流心を避けて対岸を釣る

流心の向こう側にあるポイントを釣りたい場合、ラインが流心に流されると、毛鉤がすぐに引っぱられてしまい、十分に魚を誘うことができない。ロッドポジションを上げたりして、ラインを流心に着けない工夫をしたい

手前の流れに無頓着な例

手前の流れの影響を考えずに流していると、毛鉤はすぐに不自然に引っぱられてしまう。「手前の流れを避ける」という意識だけで、随分と毛鉤の流れ方は自然になるものだ

ラインが毛鉤を引っぱると ドラッグがかかって不自然に

毛鉤を流す釣りの場合、キャストしてからピックアップするまでの目安は基本的に「毛鉤にドラッグがかかるまで」となる。ドラッグとは、メインライン（以下ライン）やハリスに毛鉤が引っぱられて不自然な動きが出てしまう状態だ。ではなぜ、ラインやハリスが毛鉤を引っぱるのか。それは流れの影響を受けるからにほかならない。

特にハリスよりも太いラインは流れの影響を受けやすい。そのためテンカラ釣りの教書には「ラインを水面に着けるな」と謳っているものもある。だが、それはケースバイケースで、たとえば毛鉤を沈めたい場合は、ラインをある程度水面に着けたほうがよい。だが抵抗の大きいラインを水面に着ける以上、毛鉤以上に流れの影響を受けることは知っておかねばならない。

毛鉤に与えるラインの影響を小さくするために

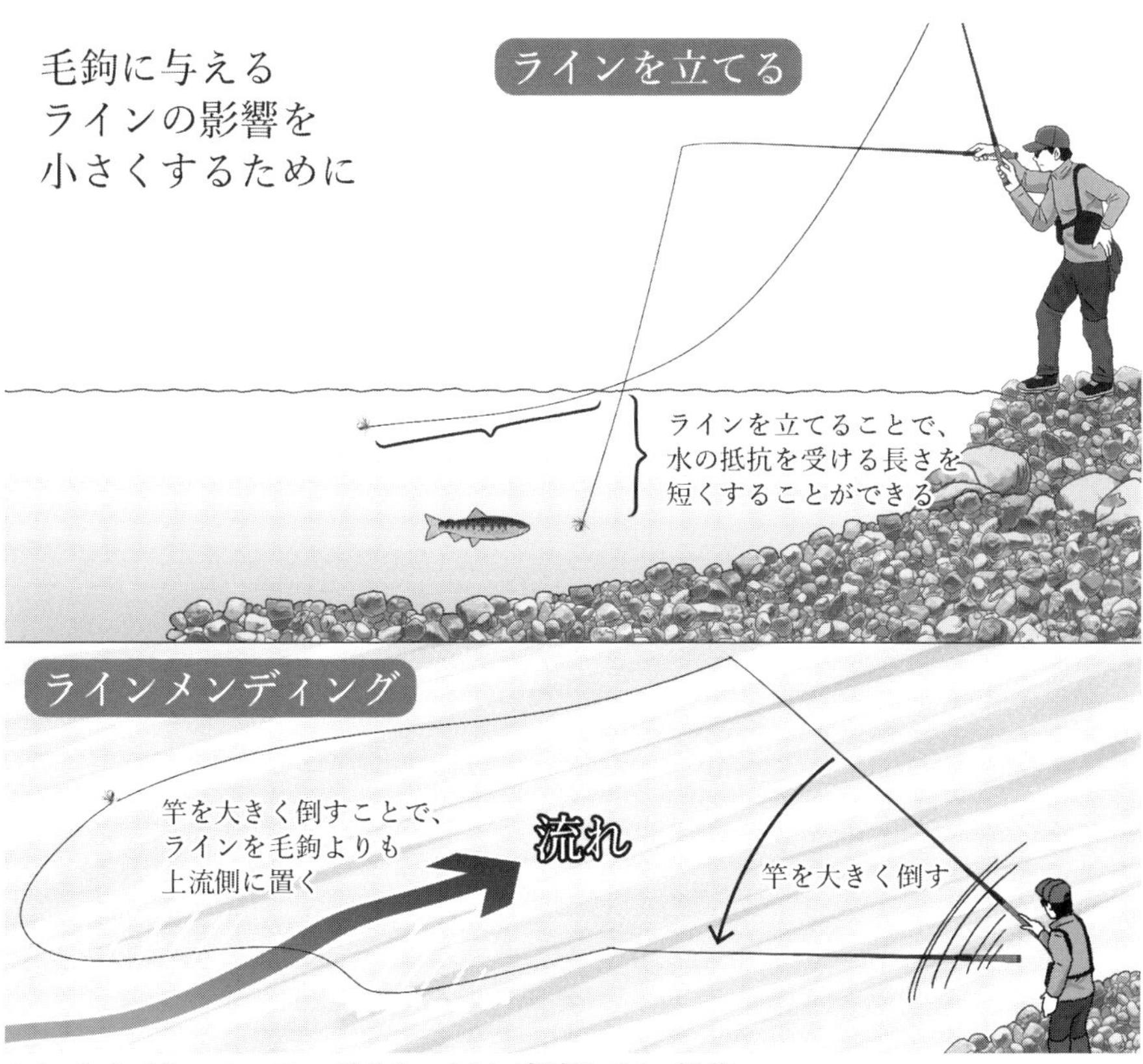

ラインを立てる。メンディングする。さらに高度なライン操作

急な流れの中を釣る場合、ラインが寝ていると、流れに当たる面が増え、結果として流れの影響を受けやすくなってしまう。ハリスだけでなくラインも水面に着ける必要がある場合は、できるだけラインを立てて釣ることで、水抵抗を減らすことができる。ドラッグを回避するためにはラインが水面に落ちる位置を操作するラインメンディングも有効だ。キャスト直後にロッドを上流側に倒すことで、毛鉤よりもラインを上流側に置くことができる

たとえば狙いたいポイントの手前に流心がある場合は、竿先を高くしてラインを浮かせ、流心に流されないようにしたい。どうしても手前にある流心にラインが着いてしまう場合は、先行して流れるラインが毛鉤を引っぱることを予測して、あらかじめキャストした直後にロッドを上流側に倒してラインの位置を毛鉤よりも上流側に運ぶ「ラインメンディング」を行うことも、毛鉤を自然に流すコツとなる。

また、ラインは水中でも流れに押されている。ラインが水中に入っている部分が長くなればそれだけ水の抵抗も増える。この際できるだけ水面に対してラインを立てることで、水抵抗を減らすことができることも覚えておこう。

状況ごとに対処法は異なるが、いずれにせよ、キャストした後にラインをそのまま放っておかず、できるだけ意図した状態に持っていけるよう、意識して経験と練習を重ねたい。

流れの速い岩盤の釣り方

この差が大きい

これだけの差が、実はとても大きい

一見、竿を持つ手の位置を少し変えているだけに見える。実際に竿先の位置もさほど違わないようにも見える。だが、この差はとても大きい。ラインをできるだけ真上から吊るすように立てて釣ることで、毛鉤を流す速度も遅くすることができる

ドラッグドリフトでゆっくりじっくりイワナを狙う

川のカーブにある淵の外側は、削られて垂直岩盤になっていることがよくある。流れが速く、慣れないと少し釣りづらいが、岩盤沿いは大型魚も潜む絶好のポイントとなっている。

使うのはウエイト付きの沈む毛鉤。強い流れの中で、少しでも毛鉤を自然に流すためには、P.106〜でも解説したように、ラインを立て気味にしたほうがよい。ラインをたるませずに、適度にテンションをかけ、立てて流すことで、ラインが流れに押されづらくなり、毛鉤にドラッグをかけずに長い間自然に、しかもゆっくりと流すことができるのだ。

また、ラインにかけるテンションをさらに強めると、毛鉤に若干のドラッグがかかって少し浮き上がる。テンションを微妙にかけたり緩めたりする

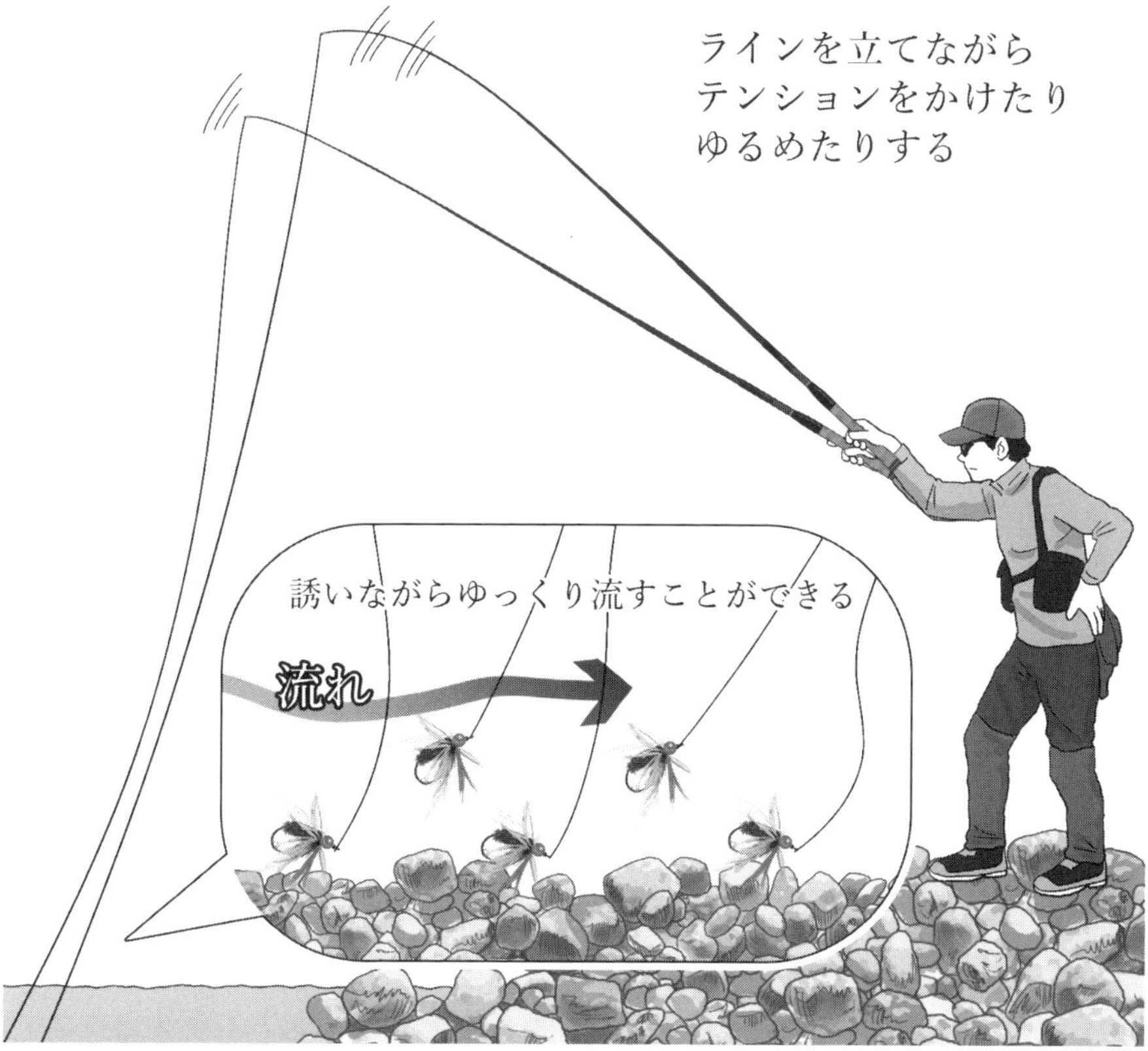

ラインを立てながら
テンションをかけたり
ゆるめたりする

誘いながらゆっくり流すことができる

流れ

ラインで毛鉤を操作するドラッグドリフト

ラインを立てて水抵抗を減らしつつ、さらに適度なテンションをラインにかけたり緩めたりすることで、毛鉤を水中で上下に動かし誘いをかけながら流すテクニック。毛鉤が流れる速度も落とすことができるため、岩盤沿いの深みに潜む大物にも有効だ

と、毛鉤が上下に動き、魚を誘いながら、流す速度をさらに落とすことができる。これはドラッグドリフトと呼ばれる、やや高度だが効果てきめんのテクニックだ。

こんなポイントに多いのは、ヤマメやアマゴよりも、速い流れの中で食べるのが苦手なイワナ。できるだけじっくりゆっくりと流すことで、イワナに口を使わせる機会を増やし、しっかりと食い込ませることができるはずだ。

第6章 さらに釣果を伸ばすコツ

放流魚の釣り方

成魚放流された魚たち
管理釣り場の代表的な魚種であるニジマスは成魚放流された魚の中でも特に人馴れしている。2m先の魚を見ながら釣ることも普通にある。自然渓流には、主にヤマメやイワナが成魚放流されている。野生魚に比べて顔立ちが穏やかだ

放流魚と野生魚混棲が普通
写真はニジマスが多く放流されている河川型の管理釣り場。自然渓流にも成魚放流されている釣り場は多い。野生魚と混棲していることも普通だ

人馴れしているけどスレている。野生魚の常識を捨てて臨もう

一般的に渓流魚の放流には、卵を川底の砂利に埋める発眼卵放流、稚魚を放流する稚魚放流、そして成魚まで育った魚を放流する成魚放流がある。いずれも野生魚とは性質が異なるが、なかでも大きくなるまで養魚場で育てられた成魚放流の魚を釣る場合、野生魚の常識を捨てて狙ったほうがいい場合も多い。ここでは成魚放流された魚を「放流魚」として、その釣り方のコツを紹介しよう。

管理釣り場の魚は、大部分が成魚放流されたもの。自然渓流でも、特に入渓しやすい場所ほど成魚放流されていることが多い。野生魚と大きく違うのは、人馴れしているため、近づいても逃げづらいこと。自分が釣っている魚が野生魚なのか成魚放流の魚なのか判別しづらいことも多いが、近づいても

こまめに毛鉤をローテーションする

目の前に毛鉤を流してもピクリともしない。そんなスレている魚には、あの手のこの手を積極的に試してみよう。毛鉤のサイズ、カラー、タイプまで。ローテーションをこまめにすることで、無反応だった魚がいきなり口を使うケースも多い

接近して釣ることができる

野生魚に比べ、養魚場育ちの放流魚は人に馴れている。そのため、魚との距離をさほど気にかけずに釣ることができる。管理釣り場がよく釣れるのは、放流されたばかりでスレていない魚も相手にできるから。そんな魚は、とても釣りやすいので、いい練習相手になる

吉田の教え

管理釣り場で魚の観察をしよう

見える魚の多い管理釣り場では、魚の着き場や毛鉤に対する動き方などを、実際に目で見て覚えることができる。自分の中に魚のイメージを作り上げることは、自然渓流で釣る時にとても役に立つ。放流魚と野生魚は性質が異なるが、同じ魚。共通する部分も、とても多いのだ。

積極的に誘いをかけてみよう

下流側から上流側に向かってツンツンと毛鉤が動くように竿先で誘いをかけてみる。これは自然渓流の野生魚相手にも最後の手段として有効だが、成魚放流の魚は特に反応することが多い。魚の向きに対する誘いの方向や、誘う毛鉤の層によっても反応が変わるので、魚を見ながらいろいろ試してみるのもよいだろう。反射的に口を使う「リアクションバイト」を誘うのだ

あまり逃げないのは成魚放流された魚である可能性が高い。そのため、野生魚を相手にする時ほどアプローチに気を配る必要はない。

以上より成魚放流の魚は釣りやすいと言われる。確かに放流されたばかりはそうかもしれない。だが、成魚放流される釣り場の多くは釣り人が多く、常にプレッシャーにさらされているためスレていることが多い。こうなると、普通に毛鉤を流しても見向きもしない。一概に簡単とは言い切れないのだ。

スレた放流魚を釣るコツは、野生魚の常識とは異なる釣りをすることだ。別の言い方をすれば、人と違う釣り方をする、とも言える。ひとつの毛鉤に反応がなければ、どんどん違う毛鉤を試してみる。また、積極的に竿先を動かして誘いをかけてみるのもよい。

魚は目の前にいる。あとは、いかに食い気を誘うかが、成魚放流された魚の狙う上で大切だと言えるだろう。

私のテンカラ釣り教室

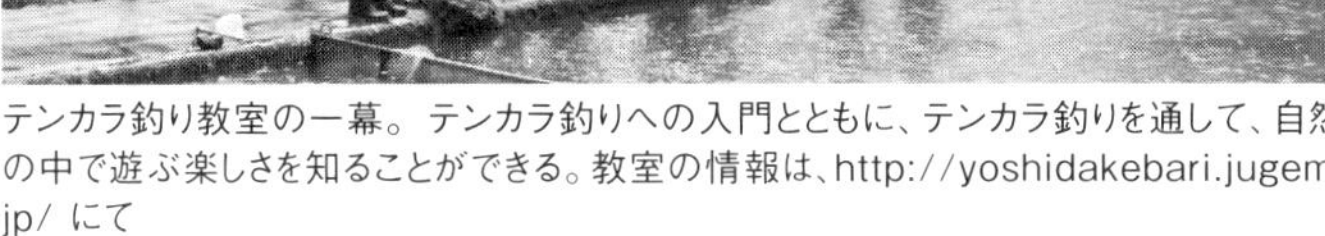

テンカラ釣り教室の一幕。テンカラ釣りへの入門とともに、テンカラ釣りを通して、自然の中で遊ぶ楽しさを知ることができる。教室の情報は、http://yoshidakebari.jugem.jp/ にて

「自然の中で楽しく遊んだことのない人は、自然を守る立場になることもなく、それを破壊したことも気がつかないのではないか。しかし自然の中で楽しく遊び、美しい自然を身体で感じたことがある人なら、少なくとも壊す側にはならないのではないか」と常々考えていた。

私の場合は、テンカラを通じてしか、自然の楽しさや美しさ、そして素晴らしさを伝えることができない。そんな私が常設のテンカラ教室をスタートしたのが2009年の秋だった。月に一度の教室。どなたにもわかりやすく、偏った考えを押しつける形にならないよう、テンカラについて考察と検証を繰り返していった。こうして私の教室を通じてテンカラを覚えた方々が、テンカラを楽しみながら、少しでも自然も守ろうと思う立場に立ってもらいたいというのが私の真意でもある。

私の教室では知識を備えていただく座学を中心に、キャスティング、毛鉤の流し方、アタリの取り方とアワセ、そこからの取り込みという基本的な一連から、各人各様への質疑応答を行っている。今では毛鉤（を作ること）に特化した教室も開催するようになった。

テンカラは各人が出かける場所も釣りたい魚種もそれぞれなので、ひとりでも多くの方の要望に応えられるよう、可能な限りの引き出しの数を用意して、教室の講師を務めている。

（吉田 孝）

第7章

テンカラ毛鉤を巻く

テンカラ釣りの毛鉤(けばり)は店でも買える。
だが、自分が巻いた毛鉤で釣った一匹は格別なものだ。
そして毛鉤を巻くことは、
テンカラ釣りの大きな楽しみのひとつでもある。
必要な道具と材料、そして代表的な3種類の毛鉤の巻き方を紹介しよう。

テンカラ毛鉤を巻く道具

テンカラ毛鉤を巻くにはフライフィッシング用の道具が揃えやすく使いやすい。手軽に毛鉤を巻くために便利である、代表的な道具を紹介しよう。

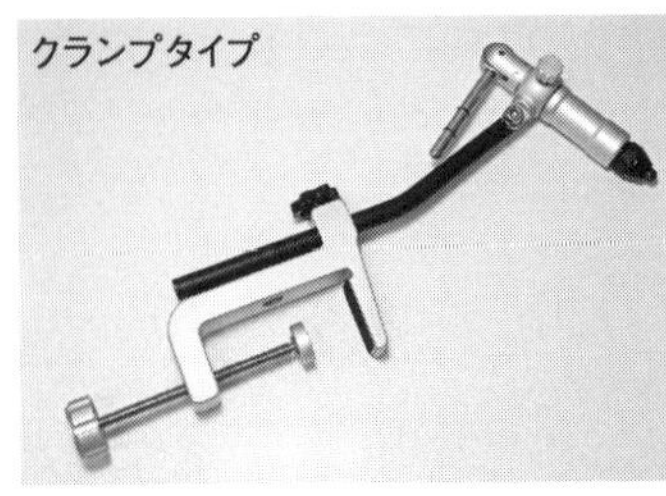
クランプタイプ

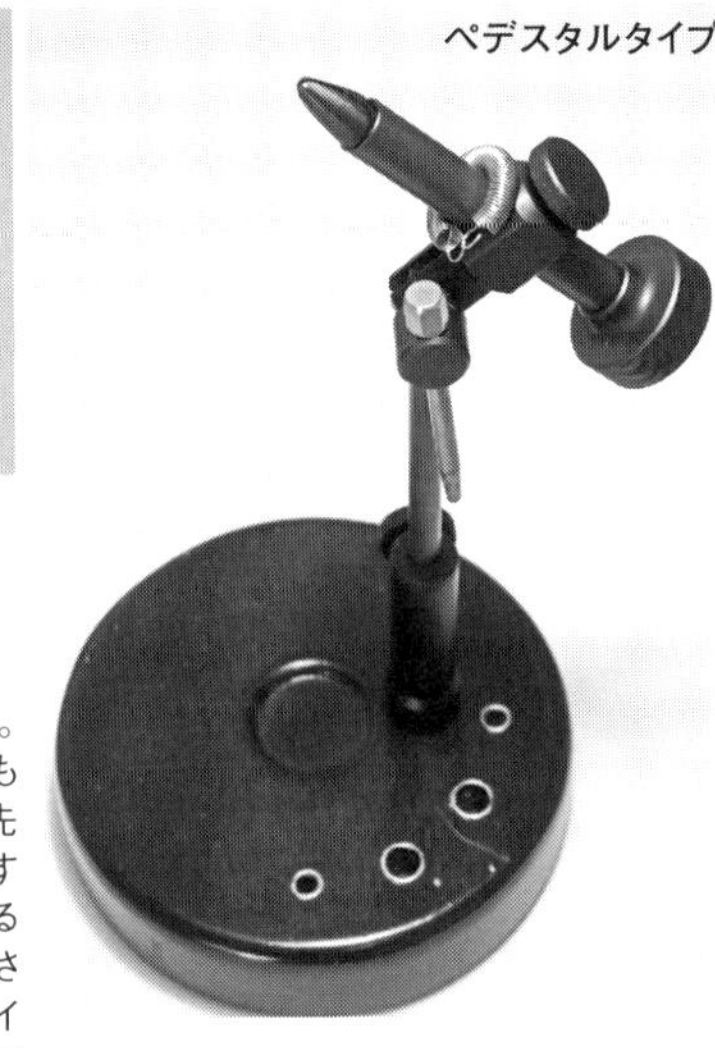
ペデスタルタイプ

バイス

ハリを固定する作業台。台座は2タイプ

毛鉤を巻くことは「タイイング」とも言う。そのためバイスは「タイイングバイス」とも呼ばれる。「ジョー」というクチバシ状の先端で、小さなハリを傷めずに挟んで固定する器具。シンプルな毛鉤は手巻きもできるが、細かい作業にはバイスが必須だ。重さのある台座が付いている「ペデスタルタイプ」と、机の縁などに挟んで固定する「クランプタイプ」がある。数千円のものから数万円のものまで、値段はピンキリ。高額のものほどハリを挟むレバーの動きがスムーズで、角度や高さ調整もしやすいが、5千円前後でも十分に使えるものが多い

そのほかの道具一式

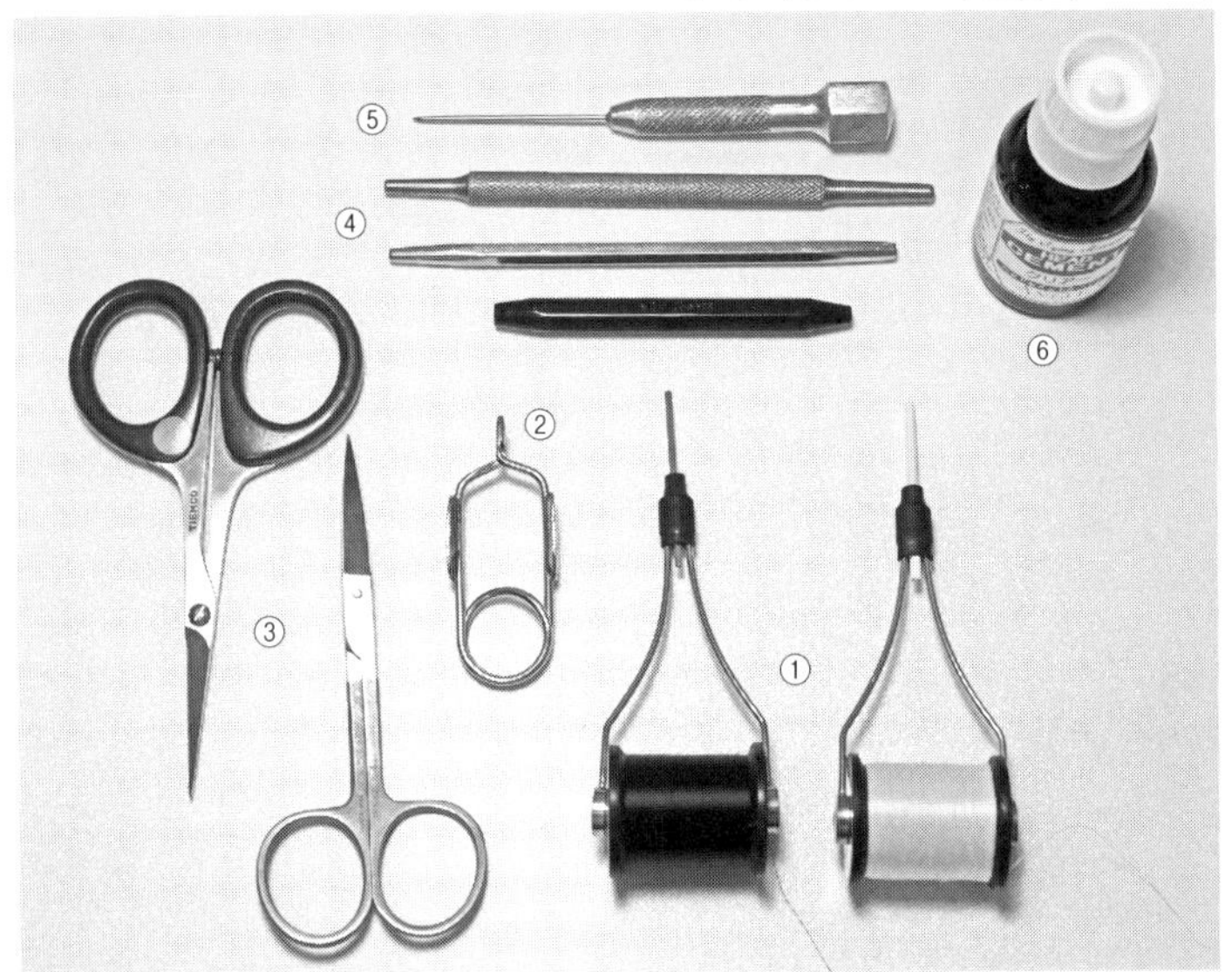

これだけあれば毛鉤は巻ける

ここに挙げたのは、毛鉤を巻くために最低限揃えておきたい道具類。①スレッド（毛鉤を巻く糸）を扱いやすくするボビンホルダー。②ハックルを巻きやすくするハックルプライヤー。③細かい作業に向いたタイイング用のハサミ。④最後にスレッドを巻き留めるためのハーフヒッチャー。⑤細かい作業に便利な、先の尖ったニードル。⑥巻いた毛鉤をほどけなくするための接着剤であるヘッドセメント。使い方は左ページを参照

①ボビンホルダー

ピンと張った状態でスレッドを出せる

毛鉤を巻く糸であるスレッドは、ボビンという小さな糸巻きに巻かれて売られている。ボビンを両側から適度な力で挟み、テンションをかけた状態でスレッドを出していくための道具がボビンホルダーだ。先の細い先端部から適度に張ったスレッドを出していくことができるため、小さなハリに巻きつけるなど、細かな作業をするのにとても便利だ。先端のノズルは金属よりもスレッドを傷つけないセラミック製が理想

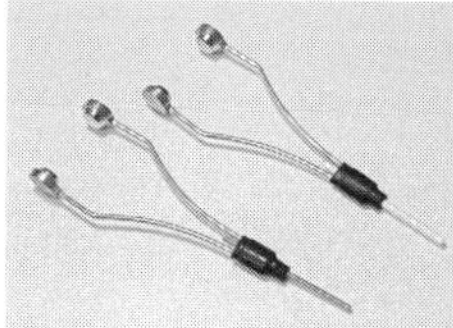

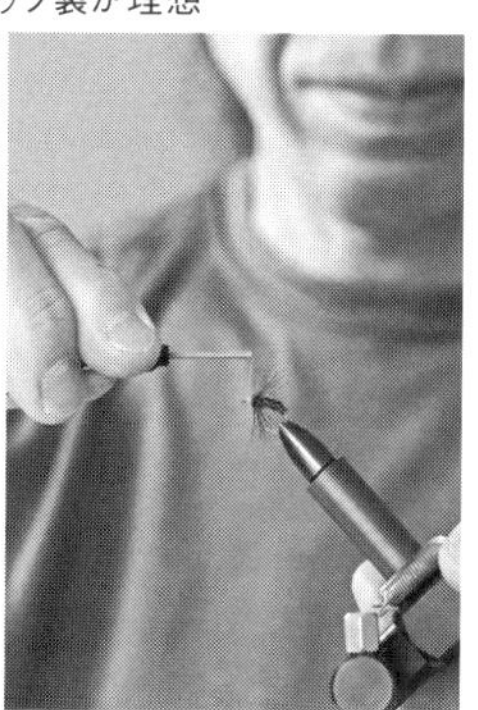

上）ボビンを挟んでいない状態。右）バイスに挟んだハリにボビンホルダーで巻きつけていく。巻いている途中でぶら下げておけば、そのままの状態で休憩もできるし、ハックルを巻くなど別作業も並行することが可能

②ハックルプライヤー

蓑毛（ハックル）の先端をつまむ

ハリにハックルを巻きつける際に、指でつまみづらい羽根の軸や先端をつまむための道具。細い先端でしっかりとつまめ、指をかける輪などにより、巻きつけやすくなっている

バネの力でハックルを挟んだ状態のまま作業することができる

③ハサミ

スレッドやマテリアルをカットする

「タイイングシザーズ」とも呼ばれる、細く尖った鋭い刃先を持つものがおすすめ。羽根やスレッドを切るためのもののほか、ワイヤーなど金属を切るためのものを別に用意しておきたい

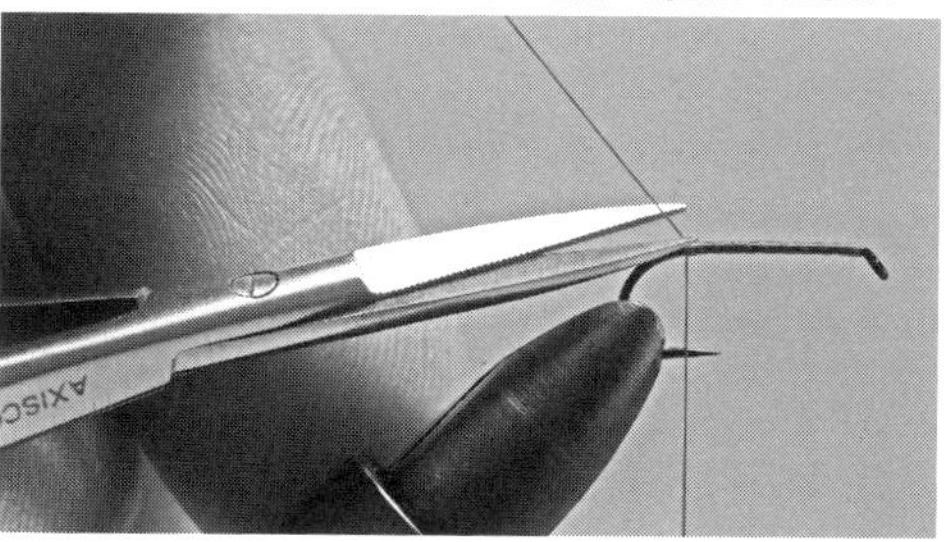

スレッドを切るほか、ハリに巻きつけた羽根などを細かくカットする時にも使用する

④ハーフヒッチャー

ハーフヒッチで巻き留める

「ハーフヒッチ」とは、ハリに巻いたスレッドがほつれないように巻き留める簡易結びのこと。指先でもできるが、ハーフヒッチャーがあれば、より簡単に細やかに行える（使い方はP.119を参照）。ボールペンの軸でも代用可能

ハリのカンを穴に差し込んで使うため、適したサイズ（口径）のものを使い分けよう

⑤ニードル

細やかな作業で活躍する

「タイイングニードル」とも呼ばれる。先端の尖った器具で、ヘッドセメントを塗布したり、スレッドをほどいたり、胴に巻きつけたボディ材を掻き出すなど、細やかな作業に便利

⑥ヘッドセメント

毛鉤の耐久性を上げる

毛鉤を巻き留めた後に、固定するための接着剤。スレッド部に染み込ませてコーティングすることで、ほどけづらくして耐久性を上げる。瞬間接着剤でも代用できるが乾くと白化したり割れたりするので柔軟性のあるヘッドセメントがおすすめだ

ヘッドセメントは、巻き留めた部位にニードル等を用いて染み込ませるように塗布する

毛鉤の材料

鳥の羽根や獣毛、化学繊維など、毛鉤作りにはありとあらゆる素材が使用されている。ここではその中のごく一部を紹介しよう。

ハリ(フック)

テンカラ用とフライ用を使用

各社からテンカラ用、フライフィッシング用として販売されているものを使用。使用するサイズは主にテンカラ用で4号前後。フライフックでは#12、#14(12番、14番と読む。数が増えるほどハリの大きさは小さくなる)。バーブレスフックにする場合はペンチで潰すよりも市販のリューターでカエシを削ったほうがきれいに仕上がる

スレッド

太さはハリの大きさに合わせる

毛鉤を巻くための糸。ボビンに巻かれていて、ボビンホルダーにセットすることで適量ずつ放出して使うことができる。太さはハリのサイズに合わせる。ハリサイズが#12以上なら6/0、#14以下なら細めの8/0を使う。色はボディ材の色に合わせるのが基本

6/0(ロクゼロ)と書かれている部分が太さの表記。6/0→8/0と細くなるほど数値は大きくなっていく

コックハックル

毛鉤用に品種改良された雄鶏の羽根。羽弁が短く小さな毛鉤にも使いやすい

蓑毛(ハックル)

主にニワトリとキジの羽根を使用

主に釣具店などで購入しやすいニワトリの羽根を使用。浮かせる毛鉤には硬く浮力のある雄鶏の羽根(コックハックル)を使うことが多く、沈ませる毛鉤にはしなやかな雌鶏の羽根(ヘンハックル)やキジ・ヤマドリの羽根を用いることが多い

大量販売もあり

写真のように皮がついたまま売られているものは高価だが、たくさん巻く時には割安。数本単位の販売もある。コックハックルにはコックネック(首周りの羽根)とコックサドル(背中から腰の羽根)がある

柔らかめのハックル

上のふたつはヘンハックル。下はキジとヤマドリ。いずれも柔らかく水によく馴染むため、沈む毛鉤に向いている

ボディ材

胴の特徴を決める要の素材

毛鉤の胴(ボディ)を作る素材。自然素材から化学素材までさまざまなものが使われている。特に繊維質のものは「ダビング材」とも呼ばれ、スレッドに撚りつけて使用することが多い。毛鉤の胴の浮力や質感、色味を決める要となる素材(マテリアル)のひとつ

①ドライフライ用ダビング材(化学繊維)。②ボディにきらめきを与えるピーコックハール(クジャクの羽弁)。③川虫の体の質感を出しやすいヘアズイヤー(ウサギの耳の毛)。④昔からテンカラ毛鉤では一般的に使用されていたゼンマイの綿毛

普通毛鉤の巻き方

まずは毛鉤の基本形と言える普通毛鉤の巻き方を紹介。下巻き、胴、蓑毛、ヘッド、フィニッシュと段階を通して毛鉤を巻く基本を覚えよう。

横面

蓑毛

ヘッド

胴

前面

蓑毛

マテリアル

①

②

③

④

普通毛鉤

表層を流すため、軽めのハリを使用

最も汎用性の高い一般的な毛鉤。比重が低く、水面から表層を流す釣りに向いている。①ハリ=ドライフライ用フック#12（水面に浮かせて使うフライフィッシング用のハリ）。②スレッド=6/0（オレンジ）。③胴=ゼンマイの綿毛（市販のフライフィッシング用の化学繊維のボディ材でもOK）。④蓑毛=コックサドル（グリズリー）

下巻きをする

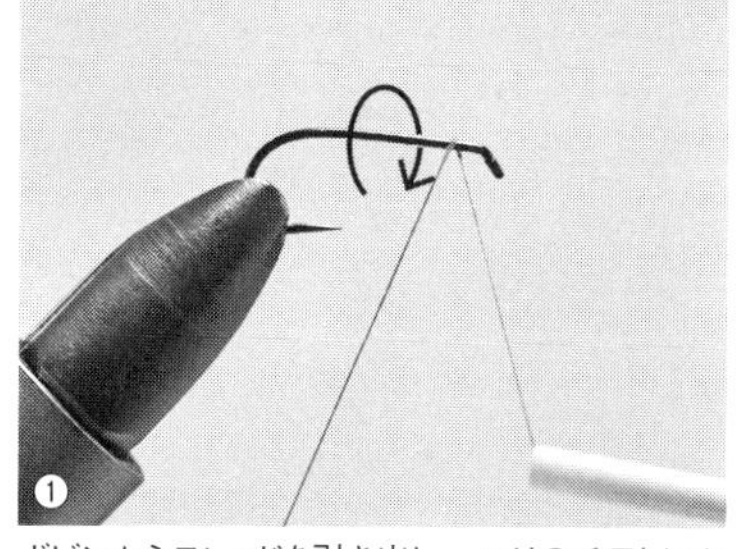

①

ボビンからスレッドを引き出し、ハリのチモトにかけ、ハリの軸沿いに、端糸の上にボビン側のスレッドを巻きつけていく

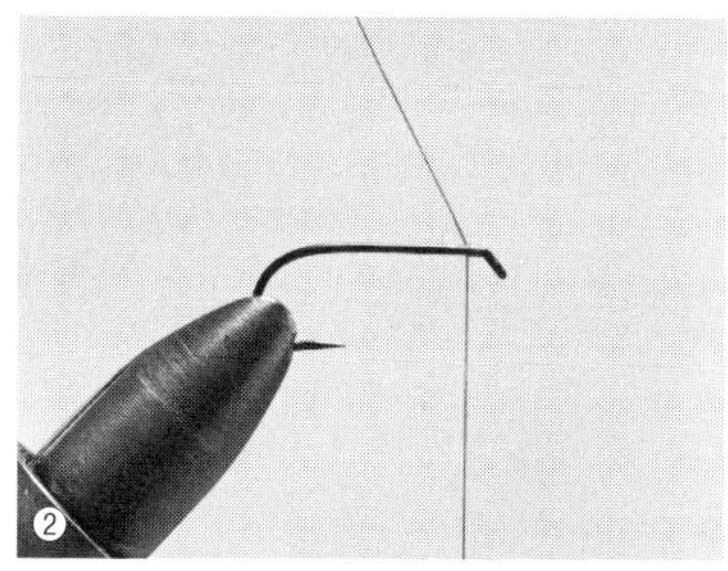

②

写真は5～6回巻きつけた状態。斜め上方に端糸に張りをもたせておくと、きれいに巻きつけやすい

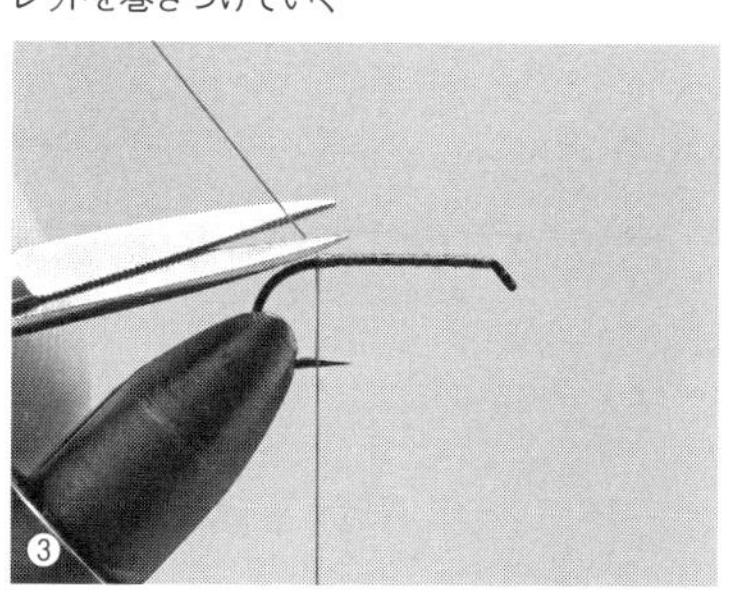

③

軸全体に下巻きしたところで端糸をカット。下巻きは蓑毛や胴の素材を固定しやすくするため。密にまかなくてもよい

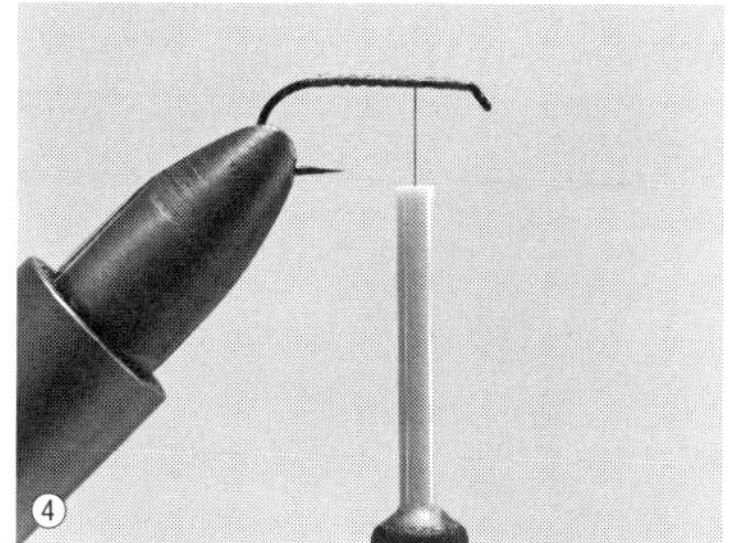

④

胴を作るため、スレッドを巻きながら、軸の前から3分の1ぐらいのところにまで巻きつけ部を移動しておく

胴を作る

⑤ 胴の材料とするゼンマイの綿毛（ダビング材）を、写真ぐらいの大きさにちぎり、スレッドに絡めていく

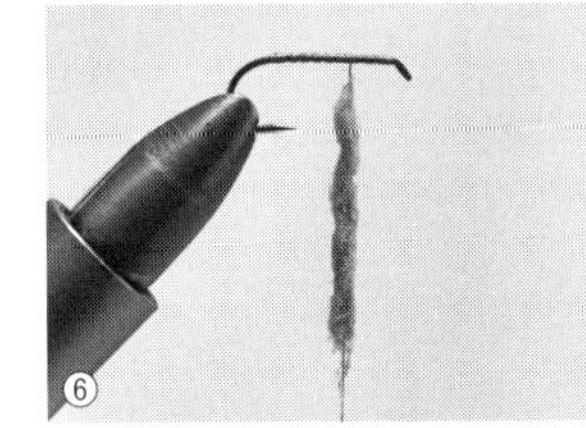
⑥ 指で綿毛をつまみ、コヨリを作るようにスレッドに細長く絡めていく。できるだけ偏りがないよう、均一に絡める

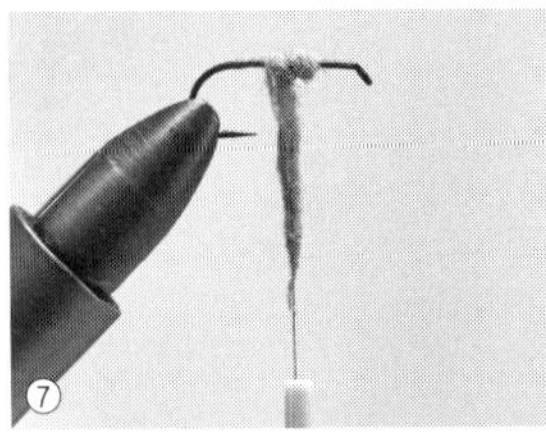
⑦ 綿毛の絡まったスレッドを、後方に向かって軸に巻きつけていく。綿毛の量や巻き方によって胴の大きさや形が変わる

⑧ 軸の後端まで巻きつけた状態。毛鉤のボディ部となる胴のボリュームを見て、綿毛の量を調整する

⑨ 斜めに巻きながら、巻きつけ部を前方に移動（密に巻くと綿毛が隠れてしまうので注意）。ハサミで形を整える

⑩ 次に蓑毛を巻きつけるため、スレッドの巻きつけ部をカンの近くに移動しておく

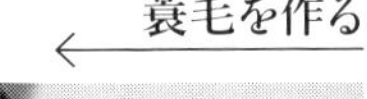
蓑毛を作る

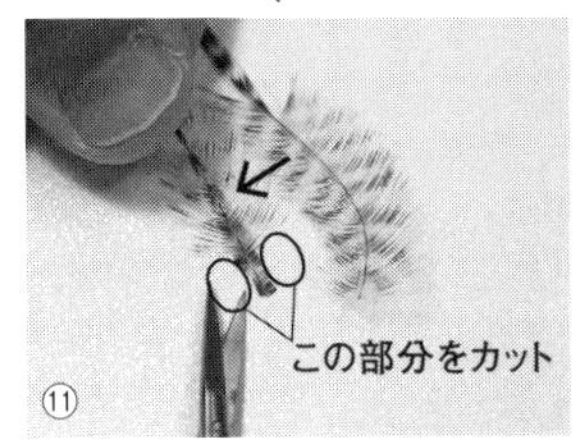

⑪ 蓑毛の素材となるコックハックル（以下ハックル）を用意。スレッドで固定しやすいように、羽軸の根本付近の羽弁を短くカットしておく

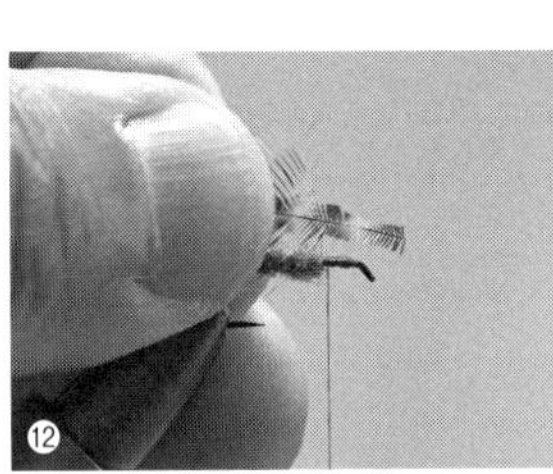
⑫ ハックルの羽軸を沿わせた写真の状態から、ハリ軸とともにスレッドを数回巻きつけて固定する

⑬ 羽軸を固定したら、余った部分をカットして、カンのほうに向ってスレッドをハリ軸に巻きつけていく

⑭ スレッドの巻きつけ部をカンのチモト部まで移動。この状態からハリ軸に固定したハックルを巻きつけて蓑毛を作る

⑮ ハックルの先端を、ハックルプライヤーや指先でつまみ、張りを持たせながらハリ軸のチモト部に巻きつけていく

⑯ ハックルをハリ軸に5〜6回巻きつけたところで、スレッドで羽軸を押さえるように2〜3回巻いて留め、余りをカット

ヘッドを作る

蓑毛とカンの間にスレッドを巻いて、ヘッドを作る。蓑毛を後方に倒しながら根本にも巻くと蓑毛が後方に倒れる

フィニッシュ

カンのサイズに合ったハーフヒッチャーを用いてハーフヒッチを2〜3回行う。まずは、スレッドを先端にかける

上手く巻くポイント 蓑毛の巻き方と留め方をおさらい

ハックルはスレッドと同じ方向に巻くのが正解。スレッドと逆方向に巻くとゆるんでしまうので注意。蓑毛とカンの間には、ヘッドを作るためのスペースを2mmほど空けておく

ハーフヒッチャーを奥側へ倒し、ハーフヒッチャーの先端で輪を作る

ハーフヒッチャーの先端の穴に毛鉤のカンを差し込む

そのままスレッドを引いていくと、ハーフヒッチャーに巻いたスレッドが前にズレていき、最終的に外れる

ハーフヒッチャーから外れたスレッドをチモト部で締め込む。⑱〜㉒を2〜3回繰り返す

ニードルでヘッドセメントを半滴、ヘッド部に垂らして固定。つけすぎるとカンの穴が埋まるので、ほどほどにしたい

ヘッドセメントを乾かし、スレッドをカットして完成。瞬間接着剤でも代用できるが、白く変色することがあるのでセメントがおすすめ

逆さ毛鉤の巻き方

蓑毛が普通毛鉤とは逆に、カンの方向に向いている逆さ毛鉤。蓑毛を作るハックルの巻き方にちょっとしたコツがあるので
その点をしっかりマスターしよう。

横面

前面

マテリアル

逆さ毛鉤

柔らかいソフトハックルを使用

水面直下から中層を誘って使う、毛先がカンのほうを向いた毛鉤。①蓑毛＝柔らかめのソフトハックル（キジ・ヤマドリ・ヘンハックル）。②ハリ＝フトコロの広いタイプの5号（写真はオーナーの本流テンカラ）。③スレッド＝6/0（黄）。④胴＝ピーコックハール（スレッドで作った胴にアクセントとして1本入れる）

下巻きをする

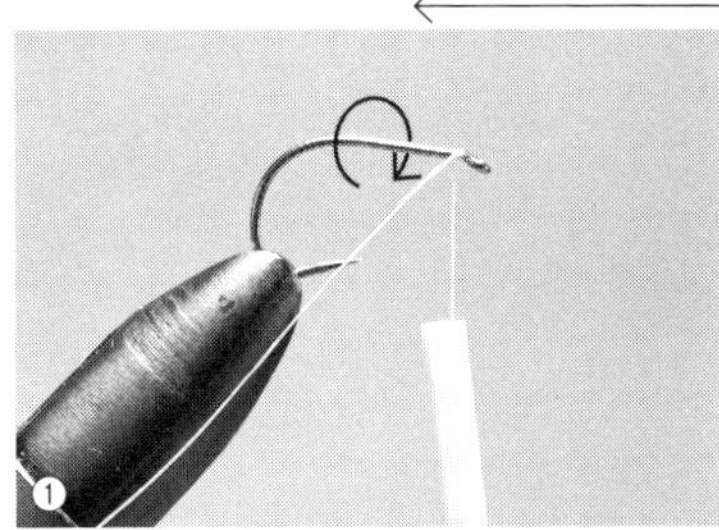

ハリのチモトから下巻きを開始。端糸に張りを持たせた状態にしながら巻くと、スムーズにきれいに巻きやすい

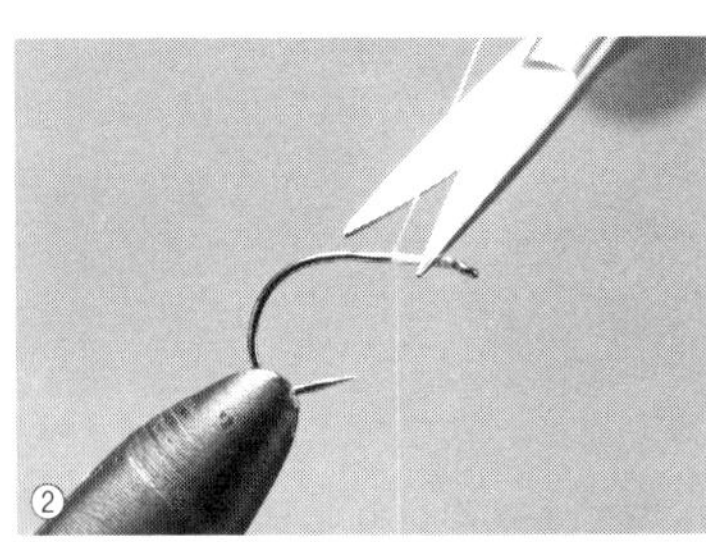

カンから3mmほどの所で下巻きを終え、端糸をカット。この後は、端糸を押さえ込みながらカンのほうに巻き返していく

ヘッドを作る

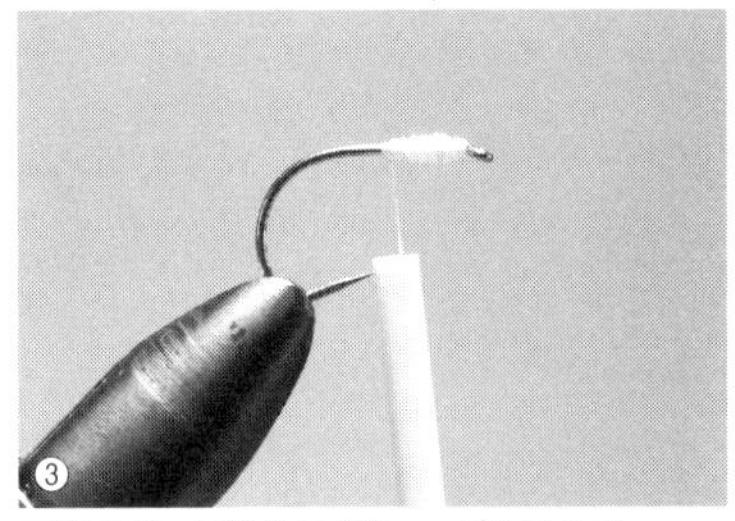

下巻きをした部分にボリュームを持たせ、ヘッドを作っていく。ある程度ラフに巻いても最終的に形が整えばOKだ

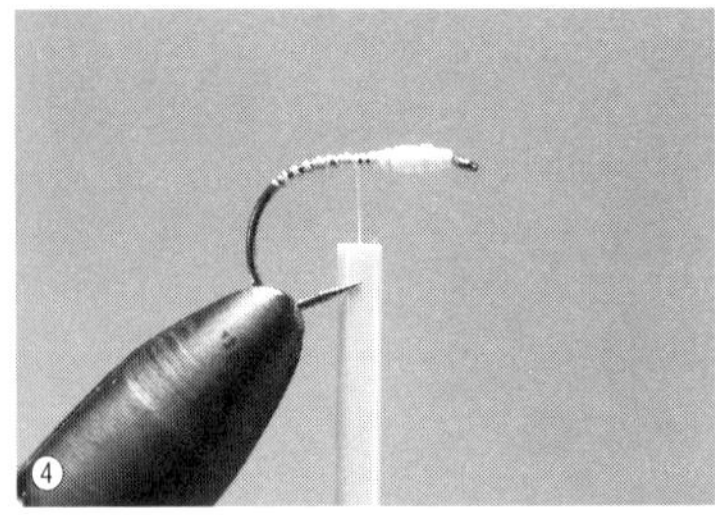

胴と蓑毛を作るヘッドからハリ軸後方にかけて、下巻きする。ラフに巻きながら一往復するぐらいでいい

蓑毛を作る

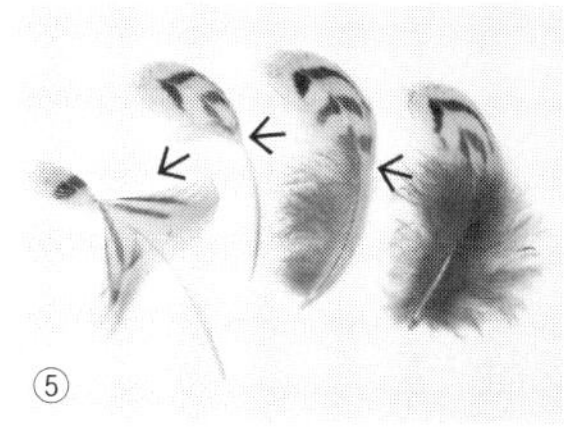

⑤ 右から左の状態へ。キジの羽根は根本側をむしり、先側を使う。蓑毛に使う部分の羽弁を下方に撫でつけて広げておく

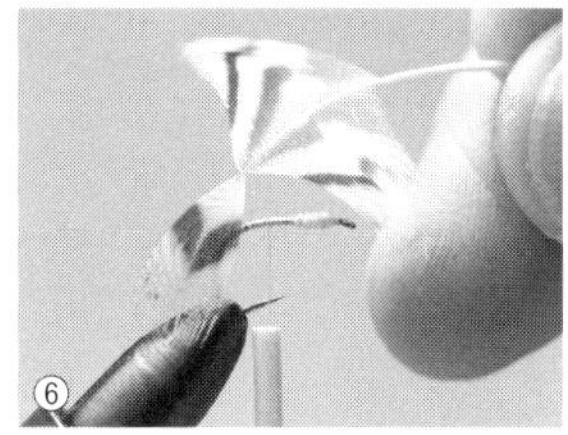

⑥ キジ羽根をハリ軸に添わせる。羽弁の分かれ目をスレッドの巻きつけ部に合わせる

⑦ スレッドを2〜3回、巻きつけキジ羽根を固定。しっかり固定した上で、後方の余分な羽根をハサミでカット

⑧ ハックルを指先かハックルプライヤーでつまみ、ハリ軸に密に巻きつけていく

⑨ ハックルの羽弁の向きに注目。この状態で巻くと、蓑毛の方向を定めづらい。羽軸を回転させて羽弁の向きを変える

⑩ 羽弁が面としてカンのほうを向いた状態に指でクセをつけ、羽軸に張りを持たせたままカンに向かってハリ軸に2〜3回巻きつける

⑪ この時、できるだけ蓑毛が前方を向くように調節しながら巻いていこう

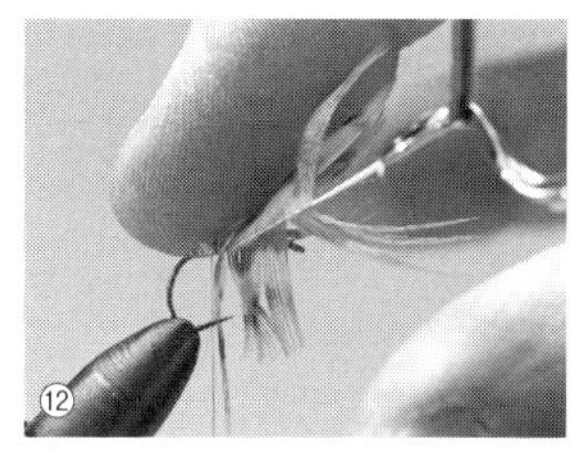

⑫ 時々、蓑毛を前方に指で押し付けてクセを付けながら巻いていくと、全体的に前方に蓑毛が向いた状態を作れる

上手く巻くポイント 後ろに蓑毛が飛び出さないように

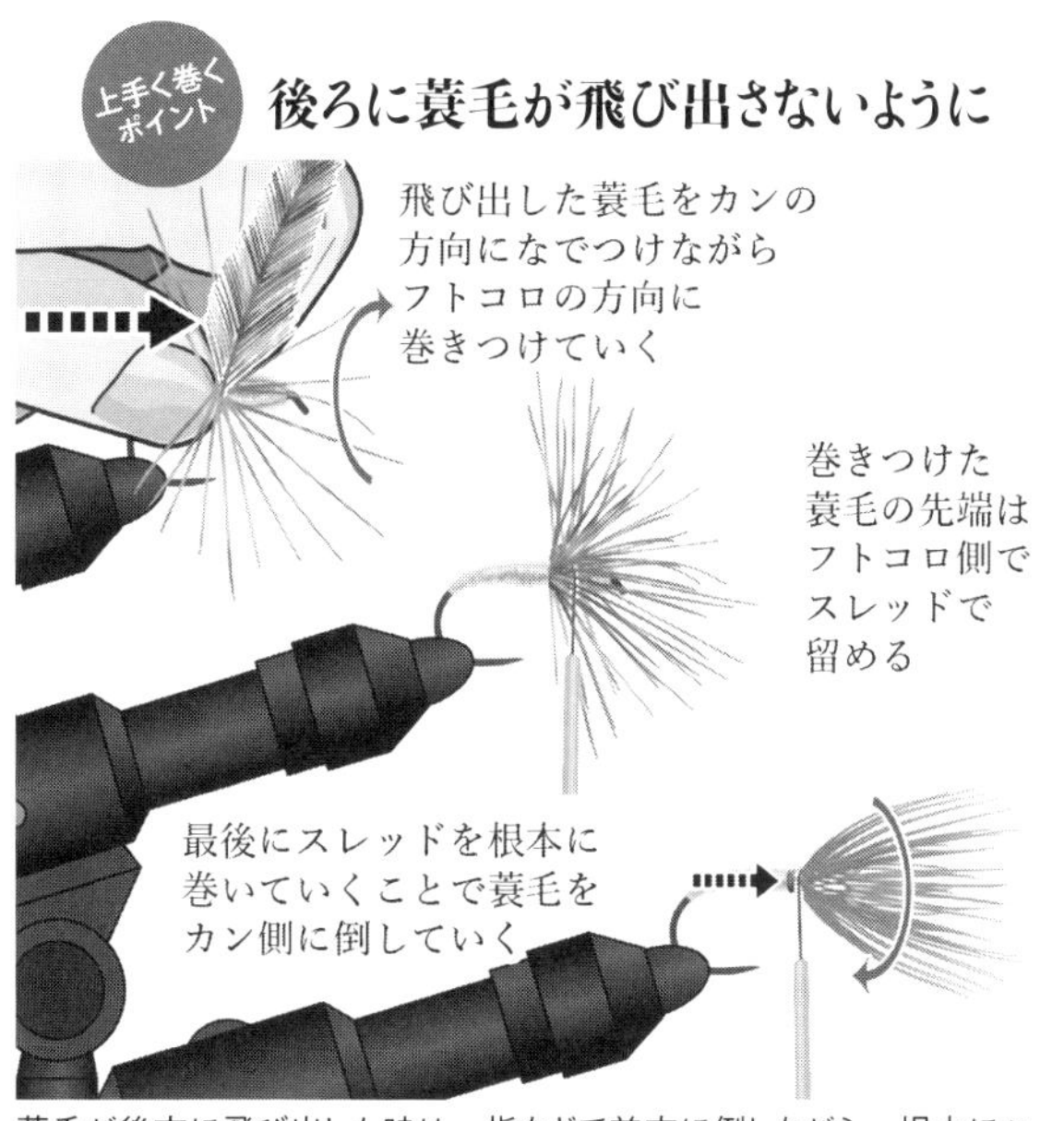

蓑毛が後方に飛び出した時は、指などで前方に倒しながら、根本にハックルを巻いていくことで、全体的に前方を向いた蓑毛を作ることができる。ただ、あまり前方を向いていなくても大丈夫。最後にスレッドを巻きながら調整することもできる

最終的に羽軸をスレッドで押さえて固定するため、ハックルが終わりそうになったら後方に向かって巻いてくる

最後にスレッドを巻いて固定。ここで解けてしまわないように、しっかりと4～5回は巻きつけて留めよう

蓑毛がしっかり留まったことを確認して、余った羽軸をギリギリでカット。その上にスレッドを巻いて端を覆う

← 胴を作る

スレッドを巻いて胴のベースを作りながら、蓑毛の根本を押さえることで、さらに前向きに倒していく

蓑毛が前方に倒れた状態。カンは蓑毛に囲まれて見えなくなっている

胴の材料であるピーコックをハリ軸に斜めにあてて、スレッドを巻いて固定する

ピーコックを固定された部分で折り返し、スレッドと束ねて数回ひねり、一体化させて胴の部位に巻きつけていく

3～4回、胴の部位に巻きつけたら、後方でスレッドとピーコックを分けて、スレッドでピーコックを固定

スレッドを3～4回巻きつけてピーコックを留め、端をハサミでカット

胴にスレッドを巻いて形を整える。形は好みだが、今回は胴の前方をリブ状にしてみた。さらに後方も巻いていく

胴の後方はスレッドでピーコックを覆い隠しながら締め付け、黄色いスレッドの色を活かした作りにした

胴が後方に向かうにつれて細くなるようスレッドを巻いて調整。フィニッシュするため巻きつけ部を写真の位置に持っていく

フィニッシュ

胴にハーフヒッチをしてフィニッシュする場合、ハーフヒッチャーは使えない。写真のように2本の指で輪を作る

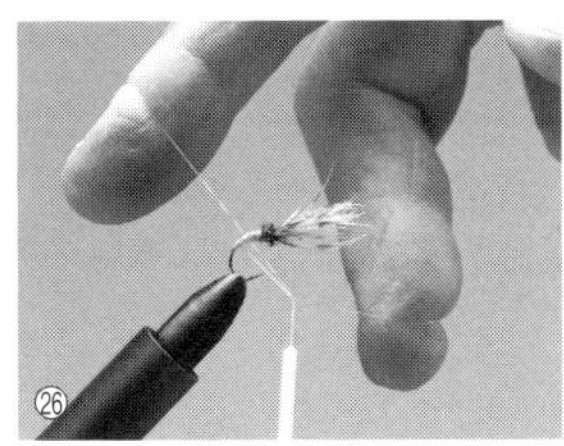

作った輪をねじり、輪の中に毛鉤を通して片方の指にかかったスレッドを胴の背にかける

もう一方の指にかかっていたスレッドをニードルにかけ直し、スレッドを張りながら少しずつ輪を小さくしていく

最後にニードルを抜いて、締め付ける。この時、指にかけたままだと、きれいに仕上げるのが難しい

㉕～㉘のハーフヒッチを2～3回繰り返し、しっかりと締め付けて留める

セメントを胴に半滴垂らして全体に染み渡らせたら、スレッドを毛鉤ギリギリでカットして、できあがり

毛鉤は自由に巻いてよい。ただ、蓑毛とマテリアルの整合性には気を配ろう

ドライフライ用の細くて軽いハリに、沈みやすい蓑毛（ハックル）や沈みやすいボディ材を付けた場合と、重さのあるウエットフライ用のハリに、同じ材料を付けた場合では、沈下速度や流れるレンジに差が出る。ハリやマテリアルの比重や水馴染みは、思っている以上に、毛鉤の沈下速度やレンジに影響を与えているものなのだ。

例えば、軽くて浮きやすい毛鉤を作りたい時には、ハリやマテリアルも軽めのものを選んだほうが、狙ったものになりやすい、というわけだ。

自分が目的とする毛鉤の成立条件を考えた上で、適切なマテリアルを用意する。この基本さえベースにしておけば、ある程度自由に巻いても大きく外れた毛鉤になることは少ないだろう。

同じようなサイズでも、軸の太さによってハリの重さは違う。この差が毛鉤の沈下速度に影響を与えるのだ

沈むビーズヘッド毛鉤の巻き方

最後に沈む毛鉤の巻き方を紹介。とはいえ、基本的には沈むためのウエイトとなるビーズヘッドを加えるだけ。そのほかの作り方は普通毛鉤と同じだ。

横面　前面

ビーズヘッド毛鉤

ビーズヘッドの重さで沈ませる

ビーズヘッドのウエイトで沈んでいく毛鉤。①蓑毛＝柔らかめのソフトハックル（水馴染みの良いキジ・ヤマドリ・ヘンハックル）。②ハリ＝やや太軸で重さのある4号（写真はオーナーの桑原テンカラ4号）もしくは#12〜14のフライ用フックでも良い。③ビーズヘッド＝3/32オンス（Mサイズ）。④スレッド＝8/0（黒）。⑤胴＝ピーコックハール

ヘッドを取りつける

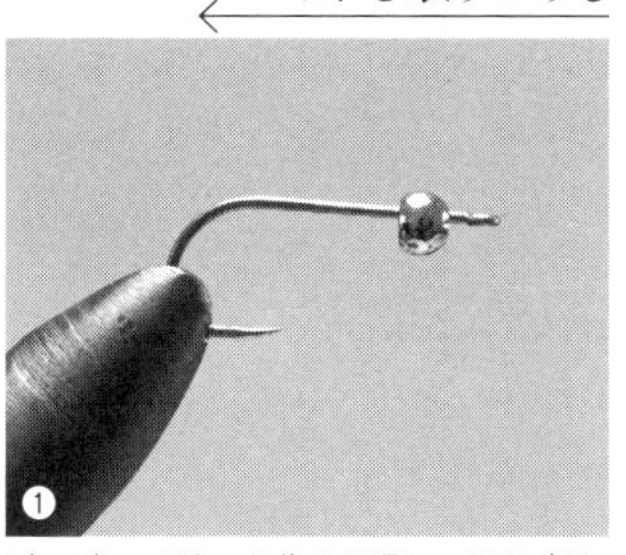

①ビーズヘッドをハリ先から通し、チモト部にまで上げる。最終的に取りつける位置を確認

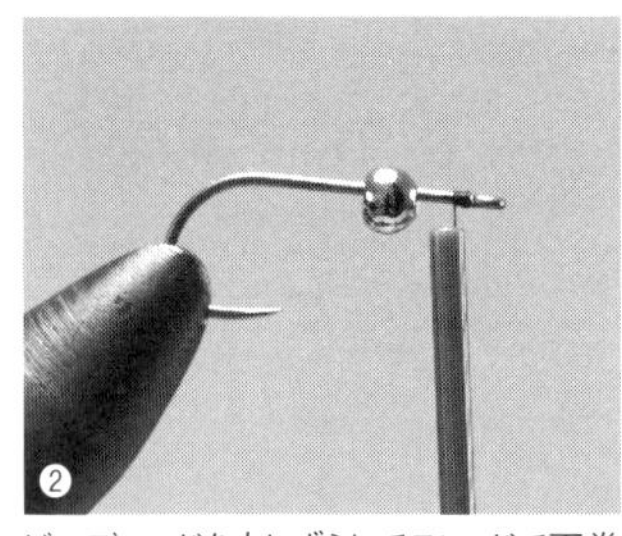

②ビーズヘッドを少しずらしてスレッドで下巻きをする。写真は3回ほど巻きつけて、余分な端糸をカットした状態

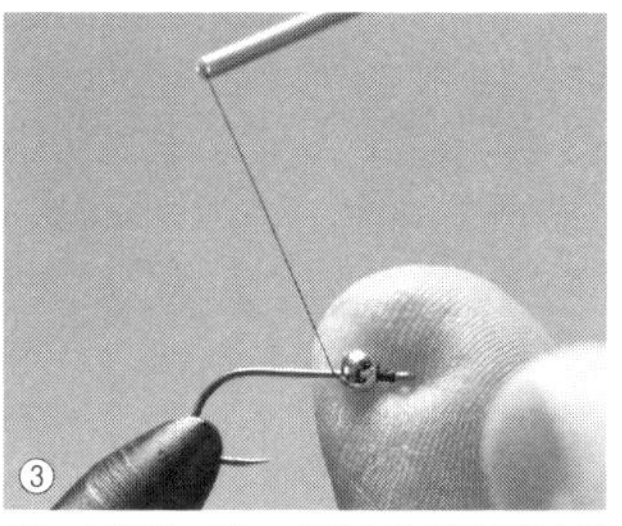

③スレッドをビーズヘッドの反対側に運んでハリ軸に数回巻きつける。これを2往復繰り返すことでビーズヘッドを固定

④ビーズヘッドをスレッドで固定した状態。こうすることで、不用意に動いたり外れたりすることがない

胴を作る

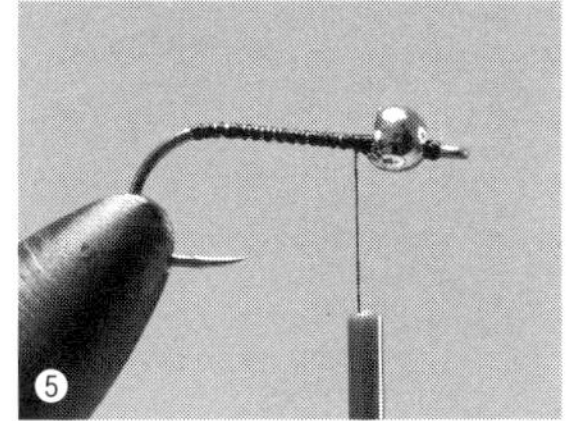

ハリ軸全体に下巻き。後方までスレッドを巻いて、折り返してこの位置まで巻き戻す。きれいに密に巻く必要はない

胴の材料となるピーコックを2〜3本束ね、スレッドで巻き留める。作りたい胴のボリュームに応じて本数を変える

上手く巻くポイント ビーズヘッドの固定をおさらい

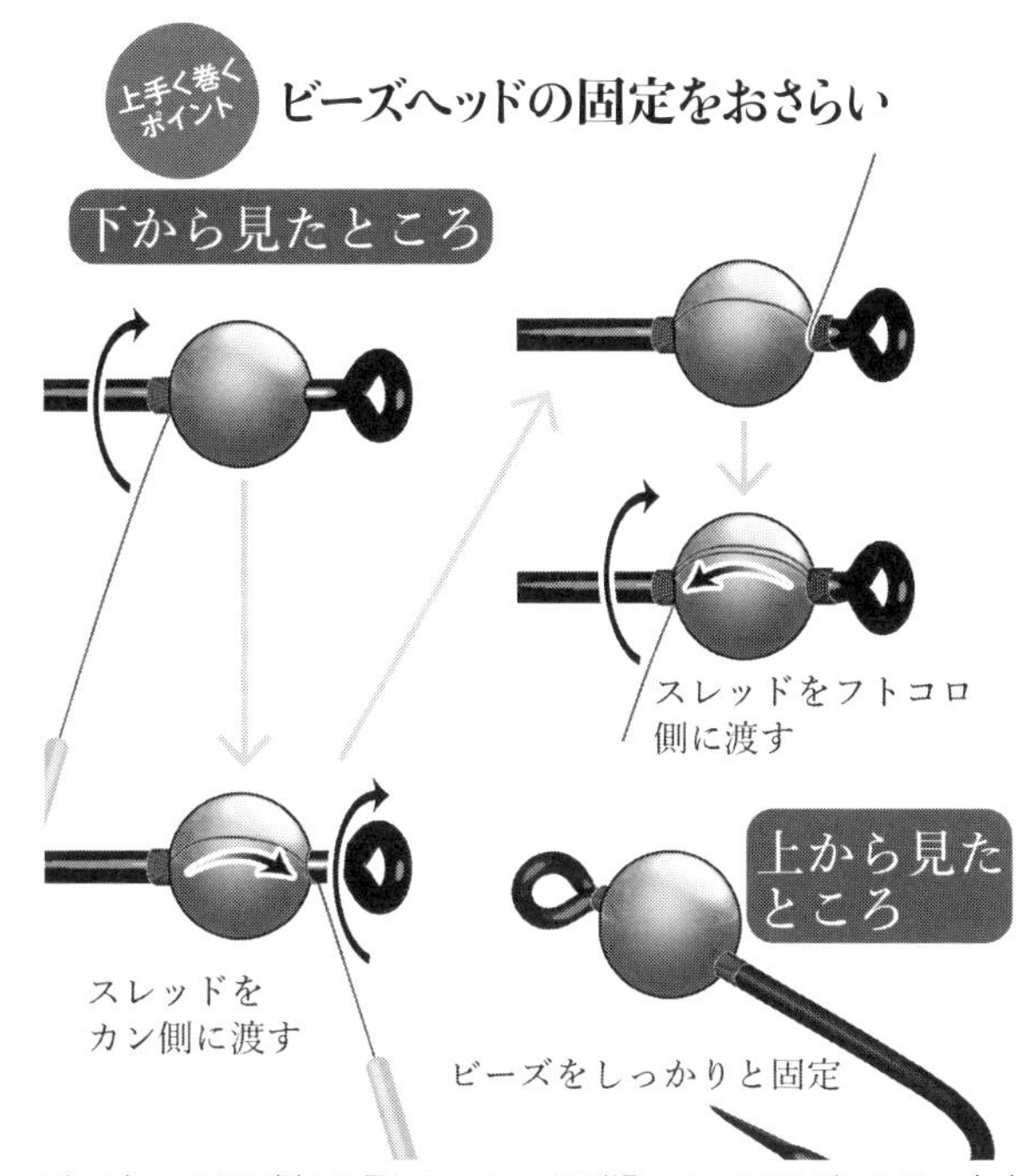

ビーズヘッドを下側から見ると、スレッドが通っていることがわかる。左右に渡すスレッドを下側に集めることでビーズヘッドの見た目を損ねることなく固定することができるのだ

スレッドで留めた所でピーコックを折り重ね、スレッドとともにねじって一体化させる

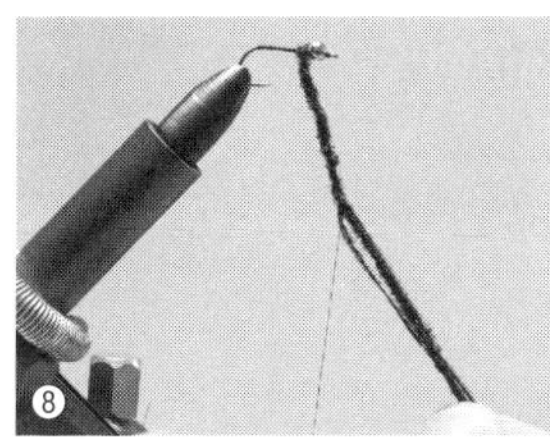

こんな感じにハリ軸に巻きつける分だけ、スレッドと一体化させておく

下巻きしたハリ軸に、イメージしたボリュームを出せるようにピーコックを1往復巻きつけていく

スレッドとピーコックを分離させ、スレッドでピーコックを巻き留める

巻き留めたら余分な部分をカットし、できあがった胴にスレッドを巻きつけ、形を整えていく

間隔をあけて胴にスレッドを巻き、虫の体節をイメージしたリブ状にする

蓑毛を作る

⑬ P.121の工程⑤を参照して蓑毛用に用意したキジ羽根をハリ軸に添えてスレッドで巻き留め、先の余分な羽根をカット

⑭ ハックルプライヤーで、ビーズヘッドとボディとの間に用意した分のキジの羽根を巻きつけていく

⑮ キジの羽根を巻きつけたら、最後に羽根の軸をスレッドで巻き留める

⑯ しっかりハックルを固定したら、余分な羽根の軸をハサミでカットする

フィニッシュ

⑰ ハーフヒッチャーを用いてフィニッシュする。ビーズヘッドを差し込める穴の大きく開いたものを使用

⑱ 輪を作り、穴にカンとビーズヘッドを差し入れて、ハーフヒッチ

⑲ しっかり締め込み、これを2〜3回繰り返し、解けないように留める

⑳ ハーフヒッチした所にヘッドセメントを付ける。ニードルで半滴ほどを押し当てて、染み込ませるように塗布する

㉑ 最後に余分なスレッドをカットして完成

毛鉤は自由。自分なりの工夫を楽しもう!

ここまで基本的な毛鉤の巻き方を紹介してきたが、素材や色、形など、自分なりにいろいろと工夫してみよう。自分で巻いた毛鉤で釣れた瞬間、テンカラ釣りの魅力は、また一層深まるに違いない

入門者が少し戸惑う

テンカラ用語集

【あ行】

頭ハネ
先に釣っている先行者を追い越すこと。挨拶なしに行うのはマナー違反にあたる。

アタリ
魚が毛鉤に食いついた時に出るサイン。手元に感じたり、ラインやハリスの変化に現れることが多い。

アワセ
アタリが出た後、竿を動かしてハリ先を魚の口に刺すこと。

右岸
川の下流側を向いて右側の岸。左側の岸は左岸という。

おまつり
ラインやハリスが絡まること。

【か行】

かけあがり
川底がせり上がっている斜面上の地形。

ゴルジュ
川の両岸がV字に切り立った幅の狭い谷のこと。

【さ行】

ささ濁り
うっすらと濁った状態。白く濁った状態は白濁りという。

誘い
毛鉤を意図的に動かして、魚の食い気をあおる釣り方。反対に自然に流すことをナチュラルドリフトという。

尺イワナ
1尺（約30cm）を超えたサイズのイワナのこと。ヤマメなら尺ヤマメ。いずれも大物の基準とされている。より大型化するニジマスは、尺ニジマスと呼ばれることが少ない。

【た行】

ツ抜け
2ケタ以上（10匹以上）釣れたこと。1〜9までは1つ2つと数え、10匹になると「ツ」が付かなくなることから。

【な行】

入渓
渓流の側道や林道などから谷を降って水辺に降り立つこと。水辺から側道や林道などに上がることを退渓という。

【は行】

びっくりアワセ
魚が毛鉤を食ってきたことに驚いて慌ててアワセてしまうこと。タイミングが早すぎて失敗することが多い。

ヒラ打ち
水中で魚が毛鉤をくわえた場合、魚体が反転してキラリと光る場合がある。この時にアワセると魚がかかることが多い。

へつり
川岸の急な岩場や断崖に両手両足で取りついて通過すること。

ボウズ
魚が1匹も釣れないこと。オデコともいう。

【ま行】

巻き
川を遡行していて直登できない堰堤や滝などが出てきた時に、左右の岸や下流に一度戻るなどして、大きく迂回して通過すること。

【や行】

藪漕ぎ
ポイント移動の際などに、笹などの藪を掻き分けて歩き進むこと。

【ら行】

ライズ
魚が水面で虫などを食べている状態のこと。

吉田 孝（よしだ・たかし）

東京都奥多摩町の管理釣り場TOKYOトラウトカントリーや南会津の自然渓流等、各地で精力的にテンカラ釣り教室を開催。延べ1000人以上にテンカラ釣りを教え、その魅力を伝えてきた「テンカラ釣りの伝道師」。また、メーカーのインストラクターとして、テンカラ釣り道具の開発にも関わる。吉田毛鉤代表（http://yoshidakebari.jugem.jp/）。YouTubeチャンネル「吉田毛鉤ラボ」では、テンカラ釣りを通して渓流釣りの心地よさを発信中。

写真＝吉田 孝、若林 輝
イラスト＝小倉隆典
ライティング＝若林 輝
ブックデザイン＝松澤政昭
編集＝若林 輝、稲葉 豊（山と溪谷社）
協力＝TOKYOトラウトカントリー

よく釣れる！

テンカラ釣り入門

2023年2月25日　初版第1刷発行

監　修　吉田 孝
発行人　川崎深雪
発行所　株式会社 山と溪谷社
〒101-0051
東京都千代田区神田神保町1丁目105番地
https://www.yamakei.co.jp/

■乱丁・落丁、及び内容に関するお問合せ先
山と溪谷社自動応答サービス　TEL.03-6744-1900
受付時間／11:00〜16:00（土日、祝日を除く）
メールもご利用ください。
【乱丁・落丁】service@yamakei.co.jp
【内容】info@yamakei.co.jp
■書店・取次様からのご注文先
山と溪谷社受注センター
TEL.048-458-3455　FAX.048-421-0513
■書店・取次様からのご注文以外のお問合せ先
eigyo@yamakei.co.jp

印刷・製本　株式会社光邦

＊定価はカバーに表示してあります
＊落丁・乱丁本は送料小社負担でお取り替えいたします

Printed in Japan
ISBN978-4-635-36082-1